그간의 당신의 지식을 뒤엎고 스스로의 신앙을 의심하게 되는 책.
드디어 성서 3200년의 비밀이 밝혀진다.

이제껏 우리가 알지 못했던

성서의 불편한 진실들

김기백

성서의
불편한 진실들

초판 1쇄 인쇄 2016년 1월 26일
지은이 김기백
펴낸이 이승훈
펴낸곳 해드림출판사
주 소 서울 영등포구 경인로 82길 3-4(문래동1가 39)
           센터플러스빌딩 1004호(우편 07371)
      전 화 02-2612-5552
      팩 스 02-2688-5568
      E-mail jlee5059@hanmail.net

등록번호 제87-2007-000011호
등록일자 2007년 5월 4일

* 책값은 표지에 있습니다
* 잘못된 책은 바꿔드립니다
ISBN 979-11-5634-121-5

INCONVENIENT TRUTHS OF THE BIBLE

New résumé of the Bible

성서의 불편한 진실들

성서 그 진실과의 전쟁

저자 김기백

 해드림출판사

서문

 파피루스나 두루마리 양피지까지를 포함, 소위 책이라 하는 것의 출현 이후, 성서는 인류 역사상 최고의 베스트셀러로 꼽힌다. 한마디로 우리 인류가 가장 많이 읽은 책이라는 것이다. 더불어 성서와 관련돼 출간된 책까지를 망라하자면 성서의 발행 부수를 능가하고도 남음이 있을 터, 우리 인류는 그야말로 성서의 홍수 속에서 살아왔고, 또한 살고 있다 해도 과언이 아니다.
 학자들 간에 약간의 이견이 있기는 하지만, 이와 같은 성서의 형성 시기는 구약의 경우는 3,200년 전까지, 신약의 경우는 약 2,000년 전까지 올라간다. 기원전 200년에 제작되었다는 현존 최고(最古)의 성서문서인 '사해사본(死海寫本)'만을 놓고 보더라도 거금 2,200년 전이다.

 이렇듯 필자가 그 수를 강조함은 그만큼 성서가 오랫동안 읽혀왔음을 강조코자 함일 게다. 그리고 그 안에는, 그러한 만큼 이제 성서에 감춰진 비밀 따위는 없으리라는 의미가 내포되어 있을 게다.

그러나 필자가 실제적으로 강조코자 하는 것은 오히려 그 역설이니, 성서는 위에서 강조한 장구한 시간 동안 스스로의 비밀을 간직해왔다는 것이다. 그리고 그것은 스스로의 비밀이기는 하지만 스스로 감춘 것은 아니니, 그 비밀을 풀지 못했던 지난날의 학자와 성직자들이 오랜 세월 동안 진실을 왜곡해왔다는 것이다.

　그러나 따지고 보면 그 또한 그들의 잘못이 아니니, 그들 역시 스스로의 한계에 갇혀 진실에 접근할 수 없었다는 말이 더 옳을 것이다. 종교 중심적인 중세사회에서, 그리고 지구 중심적으로 기술된 저 '창세기'의 내용 앞에서, 이 지구가 태양을 돌고 있는 태양계의 한 행성에 불과하다는 것을 어떻게 인정할 수 있었겠는가? 아니 어떻게 이해할 수 있었겠는가? 그리고 이것은 근세에 들어와서도 마찬가지였으니, 인간이 원숭이와 같은 존재로부터 진화했다는 주장을 믿기에는 성서에 쓰여 있는 신의 인간 창조에의 기록이 너무도 천연하다.

　그래도 지동설을 주장한 코페르니쿠스나 지구자전설의 갈릴레오는 진화론을 제창한 다윈에 비해서는 행복한 편이다. 지금 코페르니쿠스의 지동설을 믿지 않는 사람은 한 사람도 없으며 갈릴레오의 경우는 최근에 이르러 자신을 겁박한 교황청의 사과까지 받아냈으니 말이다. 하지만 다윈의 이론은 여태껏 창조론과 싸우고 있는데(지금은 지적설계론으로 위장한), 필자는 그의 명백한 이론이 아직도 창조론을 압도하지 못한 이유를 매우 역설적이게도 성서 '창세기'의 내용에서 찾았다.

하나님이 말씀하시길, 우리의 형상을 따라 우리의 모양대로 우리가 사람을 만들고, 그로 하여금 바다의 고기와 공중의 새와 육축과 온 땅과 땅에 기는 모든 것을 다스리게 하자

즉 신은 저 혼자서 사람을 만든 것이 아니라 주위에 '우리를 닮은 사람을 만들어 그로 하여금 우리가 만든 지상의 모든 것을 맡아 다스리게 하자'고 제안하였고, 그 결과로서 하나님을 비롯한 '우리'에 의해 만들어진 피조물이 바로 인간이라는 것이다. 그리고 그 인간이 금단의 과실을 먹은 후에는

여호와 하나님이 말씀하시길, 보라 사람이 선악(善惡)을 아는 일이 우리 중의 하나같이 되었으니 그가 손을 들어 생명나무 실과도 따먹고 영생을 할 것임이 분명하다

라고 하며 자신이 만든 인간을 에덴에서 내쫓는다. 이후 신은 땅 위의 사람이 번성하여 세상에 혼란이 따르자

여호와께서 사람의 죄악이 세상에 널리 퍼짐과 그 마음과 생각이 항상 악함을 보시고 땅 위에 사람 지으셨음을 한탄하고 근심하시며 말씀하시길,
이제 내가 창조한 사람을 지상에서 쓸어버리려 하노니 사람으로부터 육축과 기는 것과 공중의 새까지 그리하리니, 이는 내가 그것을 지었음을 한탄함이니라

하고는 대홍수를 일으킨다.

신의 이와 같은 행위는 훗날 아인슈타인의 "나는 자신의 창조물을 심판한다는 신을 상상할 수가 없다"는 유명한 일성(一聲)을 탄생시키며 자신의 학문의 무신론적 입장을 마련하게 되는 계기를 제공하게 되기도 하는데, 이는 한때 반(反)기독론자들의 기치로 사용되기도 하였다.

하지만 위의 예문에서 필자가 강조하고 싶은 것은 아인슈타인이 말한 사리에 맞지 않는 신의 잔인함이나 무자비함이 아니라, 우리 뭇 인간들처럼 후회하고 한탄하고 응징하고 싶어 하는 신의 인성(人性)이다. 즉 신은 뜻밖에도 전지전능하지 못했으며 행동 또한 신답지 않았고 거기에 유일신이라 알려진 것과 달리 '우리'라 하는 마찬가지의 신격(神格)을 가진 자들과 함께 행동했다는 것이다. 요점을 말하자면, 신은 저 혼자 인간을 만든 것이 아니라 '우리'라 하는 주변인들과 함께 만들었으며, 그렇게 만든 인간이 무언가를 깨닫자 그들을 자신들의 환경으로부터 추방하였고, 그 인간들이 세상에 널리 퍼지며 제 뜻, 즉 신의 뜻대로의 세상이 이루어지지 않자 지상으로부터 '자신이 창조한 인간' 모두를 쓸어버리려던 것이었다. 그리고 그 의지는 결국 대홍수를 일으킴으로써 실행에 옮겨졌는데, 안타깝게도 그 같은 신의 분노 속에 애꿎은 수많은 '이 땅에서 진화된 인간'들이 희생되고 말았다.

'창세기'를 보면 여호와가 사람을 창조하기 전부터 '이 땅에서 진화된 인간'들이 실재했음을 보여주는 많은 증거들이 등장하는 바, 신이 만든 첫 인간의 자식 카인은 혹시라도 다른 사람들을 만나 죽임을 당하지 않을까 몹시 두려워했다고 쓰여 있다(창세기 4:14).

또한 '사람이 땅 위에서 번성하기 시작할 때에 그들에게서 딸들이 나니 하나님의 자식들이 사람의 딸들의 아름다움을 보고 자신들이 좋아하는 자를 아내로 삼았고, 그 후로도 하나님의 아들들이 사람의 딸들을 취하여 자식을 낳았으니 고대에 유명한 사람이었더라'(창세기 6:1-4)고 되어 있다. 말하자면 성서에서 말하는 고대사회에는 창조된 아담과 하와와 그 후손뿐 아니라 '그들과 공존한 다른 인류', 즉 카인이 마주치기를 두려워했으며 하나님도 그들을 의식해 면살(免殺)의 징표를 주기에까지 이르렀던 또 다른 인간의 무리가 있었음이었다(창세기 4:15).

그렇다면 그들은 누구인가? 아니 그보다도, 인간처럼 한탄하고 후회하고 근심하고 분노하는 성서의 신과, 지상의 여자들에게 반해 자식들을 낳은 신의 아들들은 누구이던가? 아니 그에 앞서, 최초의 인간을 만든 '우리'라는 이들은 과연 누구이던가?

그 답을 이미 중세의 브루노(Giordano Bruno)가 말했다.
"하늘에는 천국이 있는 것이 아니라 수많은 별들이 존재할 뿐이다. 개중에는 우리와 같은 인간들이 사는… 혹시 모르겠다. 그 별 중에 그대들이 말하는 천국이 있을는지는…"

그리고 더 이상의 말을 할 수 없도록 입에 재갈이 물린 채 로마의 거리에서 화형을 당해 죽었다. 갈릴레오의 이론은 1992년 로마 교황청으로부터 명예를 회복 받고 공식적인 사과까지 이끌어냈다. 다윈의 진화론은 그 전에 이미 이성적으로 인정받았다. 그러나 당대의 뛰어난 신학자요, 철학자요, 천문학자였던 브루노는 400년이 지난 지금도 명예가 회복되지 못하고 있다. '무한한 우주와 무한한 세계에 관하여(De l'infinito universo e modi)'를 비롯한 그의 저서들은 루터나 캘빈의 사상보다 더 위험하다 하여 모두 불태워졌기에 그의 주장은 재판기록의 행간을 읽을 수밖에 없지만, 외계 생명체를 논한 위의 말 한마디만 보더라도 생각의 깊이가 미루어 짐작된다. 필자가 이 책에서 말하고자 하는 것도 바로 이 말의 부연에 다름 아닐 것이다. 너무도 앞서 간 까닭에 명예의 회복을 위해서는 아직도 한참의 시간이 필요하겠지만, 재판관에게 했다는 마지막 말은 그가 스스로 생각에 대해 얼마나 확신을 지녔던가를 웅변으로 증거한다.

"나는 내 주장에 대해 철회할 것이 전혀 없으며 나에게 무엇을 철회하라고 하는지도 전혀 모르겠도다. 비록 나는 그로 인해 죽음을 얻겠으나 선고를 받는 나보다 선고를 내리는 당신들의 두려움이 더 클 것이로다."

2015년 12월 4일　김기백

차 례

서문 _04

창세기의 서두에 등장하는 갖가지 문제점들
1. 창세 이전의 문제에 관하여 _14
2. 수면 위를 운행한 '하나님의 신' _19
3. 물은 우주로부터 _24
4. 내방한 신(神)의 집단 _30

하나님의 1차 실패와 2차 경영
1. 창세기의 1장과 2장의 내용은 서로 연결되지 않는다 _50
2. 동방에 둔 식민지 에덴과 인간의 재창조 _55
3. 고도의 지능과 언어 능력을 지닌 뱀 _66
4. 창조된 인간의 에덴 퇴출과
   전능한 여호와의 만시지탄(晚時之歎) _74
5. 형제를 살해한 카인과 그를 비호한 하나님, _77
   그리고 카인이 만나기를 두려워 한 사람들
6. 카인의 도시의 번영과 쇠락 _84
7. 아담의 후예와 외계인의 비행선을 타고 떠난 어떤 사람 _88
8. 지구의 여자들에 반해 무시로 날아든 하나님의 자식들과 _103
   이에 분노한 하나님
9. 하나님의 심판에서 살아남은 별로 의롭지 못한 '의인' 노아 _111
10. 노아 후손들의 번성과 분화 _124
11. 바벨탑의 허구성과 문명의 새벽 _129

외계인의 새로운 통치 방식, 족장 시대의 개막

1. 점점 줄어드는 아담 후손들의 수명 _142
2. 아브라함의 가나안 이주에의 이유 _157
3. 아브라함의 이주 과정과 다시 나타난 비행선 _162
4. 아브라함의 애굽 시절 _168
5. 롯과의 결별 _171
6. 사해 대전(死海 大戰)과 외계인의 개입 _175
7. 하나님께 식사를 대접하는 아브라함과
   가나안 땅을 약속하는 하나님 _184
8. 이슬람의 태동 _189
9. 하나님이 피력한 구체적인 지구 지배 계획 _193
10. 계획을 실행하러 온 외계인들 _198
11. 핵폭탄에 멸망된 소돔과 고모라 _203
12. 중복되는 성서의 이야기들 _215
13. 아들 이삭을 얻는 아브라함과,
    하나님의 거듭된 이중 플레이 _220

아브라함 이후의 세대들

1. 제1세대의 퇴장 _234
2. 이삭의 결혼과 인공수정된 2세의 탄생 _236
3. 축복을 받은 야곱. 그리고 그가 마주한 우주비행선 _240

맺음말

저들은 과연 어디에서 왔으며 왜 다시 오지 않는가? _256

창세기의 서두에

등장하는

갖가지 문제점들

창세 이전의 문제에 관하여

수면 위를 운행한 '하나님의 신'

물은 우주로부터

내방한 신(神)의 집단

창세 이전의
문제에 관하여

태초에 하나님이 천지를 창조하시니라. 땅이 혼돈하고 공허하며 흑암이 깊음 위에 있고 하나님의 신은 수면에 운행하시니라.

한글 개역성서의 첫머리, 즉 '창세기'의 첫머리는 이렇게 시작한다. 뒤에 영문(英文)과 더불어 재론하겠지만 사실 이는 매우 난해한 문장이다. 언뜻 웅혼한 듯 보이기는 하나 그 뜻을 해석하기는 도무지 어렵다. 당시의 땅은 당연히 혼돈하고 비었을 것이며 깊은 어둠에 휩싸여 있었을 것이다. 라고 무리 없이 이해해 봐도 뒤따라 등장하는 '하나님의 신(the Spirit of God)'에 곧 막히고 만다. 유일신 하나님이라 했거늘 난데없는 하나님의 신이라니…?

그 신이 운행했다는 '수면의 위(over the face of the waters)' 또한 마찬가지다. 하나님이 물을 만든 것은 빛을 창조한 다음날, 즉 둘째 날 같은데 이 물은 또 웬 물…? 이라는 의문을 피할 수 없기 때문이다.

그런데 초기 교회의 대표적 성서학자 아우구스티누스는 어느 날 이보다 더 어려운 문제에 봉착하고 말았다. 평소 신앙심 깊던 한 제자가 느닷없이 다음과 같은 질문을 던졌던 것이다.

"하나님이 세상을 창조하신 것은 '창세기'의 내용으로 알고 있습니다. 그런데 세상을 만들기 전, 하나님은 무엇을 하고 계셨을까요?" 하는 물음이었다.

아무리 이름난 성서학자라 해도 그에 대한 대답이 난감하지 않을 수 없었을 터, 하지만 아우구스티누스는 곧장 이렇게 답했다 한다. "지옥을 만들고 계셨다. 하나님의 심오한 행적을 엿보려 하는 너 같은 자들을 위해." 물론 그 뒤에 농담이라는 말을 달기는 했지만.

사실 따지고 보자면 이는 매우 어려운 퀘스천이었기에 아우구스티누스의 대답은 꽤 영리했다고 볼 수 있다. 농담이라고는 했으나 지옥에 가기 싫거든 신의 행위에 대해 알려고 들지 말라는 은근한 협박 또한 곁들여졌던 까닭이다. 그렇지만 그는 아마도 자신의 숙소에 돌아가 깊은 고민을 했을 듯하다. 우선은 창세 이전이기에 하나님이 계실 공간이 마땅치 않았고, 설사 공간이 있었다 하더라도 어둡기 짝이 없을 성싶었기에.

'아무리 신이라 해도 빛이 없는 어둔 곳에서 할 수 있는 일이란 별로 없을 텐데…?'

이와 같은 궁금증에 봉착한 아우구스티누스는 다시 성서를 들여다보았을 터, 그 과정을 상상해보자면 다음과 같다. 아무튼 간에 빛이 등장하는 것은 역시 창조의 과정에서였다.

하나님이 가라사대, 빛이 있으라 하시매 빛이 있었고 그 빛이 하나님이 보시기에 좋았더라. 하나님이 빛과 어둠을 나누사 빛을 낮이라 칭하시고 어두움을 밤이라 칭하시니라. 저녁이 되며 아침이 되니 이는 첫째 날이니라.

아울러 그리고 나니 이제는 전에 없던 문제점까지 생겨났으니 하나님이 넷째 날에 만들었다는 두 개의 큰 광명 또한 눈에 밟혔다.

하나님이 두 큰 광명을 만드사 큰 광명으로 낮을 주관하게 하시고 작은 광명으로 밤을 주관하게 하시며 또 별들을 만드시고, 하나님이 그것들을 하늘의 궁창에 두어 땅을 비추게 하시며, 주야를 주관하게 하시며 빛과 어둠을 나뉘게 하시니라. 하나님이 보시기에 좋았더라. 저녁이 되며 아침이 되니 이는 넷째 날이니라.

창세의 첫째 날, 둘째 날, 셋째 날은 하늘의 큰 광명, 즉 태양이 없이도 밤과 낮이 존재했다는 얘기… 아우구스티누스는 더 큰 혼란에 봉착하였다.
'밤과 낮이 나뉨은 오직 태양이라 하는 물체의 전제가 있어야만 가능할 텐데…?'
이것은 분명 성서에도 나와 있는 말이었다. 그리고 더 나아가 이것은 태양이 없이도 날짜가 성립할 수 있다는 말도 안 되는 얘기가 되고 마니, 첫째 날이니 둘째 날이니 하는 성서의 헤아림은 정말이지 모순이라 아니할 수 없었다.

'혹시 창세의 첫날에 따로 태양을 만드신 것은 아닐까?'

아우구스티누스는 궁여지책으로서 이렇게도 생각해봤지만 아무리 보아도 하나님이 하늘의 큰 광명을 만든 것은 분명 넷째 날, 즉 이 땅의 풀과 씨 맺는 채소와 열매 맺는 나무를 만든 그 다음 날이었다. 그는 갑자기 모든 것이 미궁에 빠진 기분이었다. 이제껏 눈에 띄지 않았던 성서의 모순들이 일순간에 드러났기 때문이었다. 창세 이전의 문제는 차치하고서라도 성서에 쓰여 있는 창세의 과정조차도 온통 모순투성이였던 것이었다.

'그렇다면 첫째 날의 빛과 넷째 날의 빛이 다른 것은 아닐까?'

아우구스티누스는 다시 이렇게도 생각해봤지만, 첫째 날의 빛과 넷째 날의 빛을 구분할 재간이 없었다. 성서의 전서(全書) 또한 들여다봤지만 그에 대한 답은 성서 어디에도 없었다. 아니 설상가상으로 예수가 했다는 다음의 기도 내용을 발견했을 뿐이었다.

> 아버지여. 창세 전에 내가 아버지와 함께 가졌던 영화로써 지금도 아버지와 함께 나를 영화롭게 하옵소서.

지금 창세 이전의 하나님의 문제도 골치가 아픈데 이제는 예수님까지라니, 모르긴 해도 아우구스티누스는 그쯤에서 책을 덮었을 것이다. 그리고 기도했을 것이다. 신이여. 제게 이 난제를 해결할 수 있는 지혜를 내려 주소서.

하지만 내가 보기에 아우구스티누스는 아주 쓸데없는 데 생각을 소모한 듯싶은즉, 창세 이전의 하나님에 대한 필자의 견해는 매우 간단하다. 아마도 하나님은 아드님 예수와 더불어 바둑이나 체스 같은 놀이를 즐기고 계셨거나 세러핌(seraphim) 등의 고위 천사들로부터 업무보고 같은 것을 받고 계셨을 것이다. 이사야서 6장 등에서 보이는 이른바 치품천사(熾品天使)들로서, 태초에 하나님이 이것저것을 만드실 때도 필시 역할을 같이했을 바로 그 천사들 말이다. 아우구스티누스는 제자에게 농(弄)이라는 부언을 했지만, 필자의 이 말은 절대 농이 아니다.

수면 위를 운행한 '하나님의 신'

 필자가 그런 과감한 전제를 단 만큼 이제는 그 말을 증명할 차례이다. 하지만 그 전에 먼저 해결할 것이 있으니, 태초에 하나님이 천지를 창조하기 이전, 이미 존재한 '무엇'에 대한 문제이다.
 여기서 '무엇'이란 말할 것도 없이 '땅'과 '물'이니, 결론부터 꺼내자면 태초에 하나님이 천지를 창조하기 전부터 땅과 물은 있었다는 것이다. 여러분이 이 말을 믿기 힘들다면 다시 한 번 창세기의 첫 머리를 읽어보라.

 태초에 하나님이 천지를 창조하시니라. 땅이 혼돈하고 공허하며 흑암이 깊음 위에 있고 하나님의 신은 수면에 운행하시니라.
 하나님이 가라사대, 빛이 있으라 하시매 빛이 있었고 그 빛이 하나님이 보시기에 좋았더라. 하나님이 빛과 어둠을 나누사 빛을 낮이라 칭하시고 어두움을 밤이라 칭하시니라. 저녁이 되며 아침이 되니 이는 첫째 날이니라.

하나님이 가라사대, 물 가운데 궁창이 있어 물과 물로 나뉘게 하리라 하시고 하나님이 궁창을 만드사 궁창 아래의 물과 궁창 위의 물로 나뉘게 하시매 그대로 되니라. 하나님이 궁창을 하늘이라 칭하시니 저녁이 되고, 아침이 되니 이는 둘째 날이니라.
하나님이 가라사대, 천하의 물이 한 곳으로 모이고 뭍이 드러나라 하시매 그대로 되니라. 하나님이 뭍을 땅이라 칭하시고 모인 물을 바다라 칭하시니 하나님이 보시기에 좋았더라. 저녁이 되고 아침이 되니 이는 셋째 날이니라.

 보다시피 하나님이 만든 물과 뭍이 거론되는 것은 둘째 날과 셋째 날이다. 그런데 그 앞의 문장을 보면 하나님이 천지를 창조하기 전 이미 혼돈한 땅과 하나님의 신이 운행하였다는 물이 존재하고 있다. 그리고 이 뭍과 물은 앞서의 빛과 달리, 물을 나누고 뭍을 드러나게 한 둘째 날과 셋째 날의 행위와도 대척되지 않는다.
 한마디로 말하자면 하나님은 땅과 물을 만든 적이 없다 하는 것이니, 이는 둘째 날에 했다는 '하나님이 가라사대, 천하의 물이 한 곳으로 모이고 뭍이 드러나라 하시매'라는 하나님의 육성 언급으로도 여실히 드러난다. 이는 하나님이 뭍과 물을 만든 것이 아니라 어떠한 척지(拓地)의 행위만을 했음을 말해주기 때문이다. 또한, 위의 문장은 '하나님이 뭍을 땅이라 칭하시고 모인 물을 바다라 칭하시니 하나님이 보시기에 좋았더라'라는 문장으로 이어지니, 척지 후에 단지 '땅'과 '바다'라는 명칭만을 붙였음을 증명한다. 다시 강조하거니와 하나님은 원래부터 땅과 물을 만든 적이 없음이었다.

그렇다면 다시 창세기의 첫머리로 올라가되, 이번에는 영어로 한 번 분석해보자. 우연스럽게도, 또한 놀랍게도 이 영어 문장은 한국어 번역본은 물론 히브리어[1] 원전(元典)의 내용보다 훨씬 의미에 충실하다.

> In the beginning God created the heavens and the earth. Now the earth was formless and empty, darkness was over the surface of the deep, and the Spirit of Gad was hovering over the waters.
> (태초에 하나님이 천지를 창조하였다. 당시의 땅은 형태가 불완전했고 비었었는데, 어둠은 그 표면에 짙게 깔렸으며, 그 물 위를 하나님의 신이 운행하였다.)

다른 영어본도 마찬가지이니 하나를 더 소개하면 다음과 같다.

> In the beginning God created the heavens and the earth. Now the earth was unformed and void, and darkness was upon the face of the deep, and the Spirit of Gad hovered over the face of the waters.

무엇을 봐도 영문은 문장이 부산스럽지 않고 명확하다. 그리고 문제가 되는 '수면 위를 운행한 하나님의 신'을 히브리 원본대로 깔끔히 처리했는데, 앞서 언급한대로 이 부분에서는 오히려 원본의 의미를 앞선다.

---

1) 고대 팔레스타인 지방에 살던 히브리인(훗날의 유대인)이 사용한 언어로서 구약성서가 이 언어로 기록되었다.

여기서 당연히 '원본이면 비교무위(比較無爲)의 최고의 텍스트인데 어떻게 번역본이 원본에 앞설 수 있는가?'라는 질문이 있을 수 있다. 그에 대답은 뒤로 미루고 일단 '운행(hover)'이란 단어부터 짚고 넘어가자.

'운행'이란 단어의 히브리어는 rachaph로서 '움직이다', 혹은 '너풀거리다'라는 뜻이다. 이는 더도 덜도 아닌 무언가가 움직였다는 뜻이니 실제로 영역(英譯)에서 move로 해석된 예도 많다. 하지만 여기서는 위의 번역처럼 hover로 해석되는 게 훨씬 정확하니, hover의 사전적 의미가 '(곤충, 새, 헬리콥터 따위의 비행체가) 하늘을 떠다니다'이기 때문이다. 참고로 명사 hovering은 인위적 비행체가 공중에 정지해 있는 상태를 가리킨다.

아직 그 정체를 모르긴 하지만 어떤 비행체가 비어 있는 어두운 땅과 물 위를 비행하였음이니 땅과 물은 이미 그전부터 존재했음이 확실해졌다. 거듭 말하지만, 하나님의 창조물 중의 땅과 물은 창세기 어느 곳에서도 발견되지 않는다.

그렇다면 수면 위를 날았다는 그 비행체는 과연 무엇이었을까? 물어보나 마나 그것은 '하나님의 신'일 터, 이제 비로소 그 '신'의 정체를 밝힐 때가 왔다 하겠다.

앞에서도 거론했거니와 '하나님의 신'이라고 하는 구절은 오랜 시간 많은 사람에게 혼란을 제공해왔다. 누구든 '유일신 하나님의 신이라니?' 하는 의문으로부터 자유로울 수 없었기 때문이다. 뿐만 아니라 이 구절은 창세기 6장 3절에도, 그리고 출애굽기, 민수기, 열왕기, 욥기, 잠언, 에스겔 등에 연이어 등장하는 바, 어떤 식으로라도 풀지 않으면 안 될 문제이다.

 하지만 이 문제는 역으로 '하나님의 신'이 운행했다는 '수면의 위'부터 해결하고 넘어가자. 오히려 그것이 순서일 듯하기에.

|
물은
우주로부터
|

　재삼 부언하거니와 창세기뿐 아니라 성서 어디를 찾아봐도 하나님이 물을 만들었다는 기록은 없다. 물을 나뉘게 하고 물을 한곳으로 모이게 했으며 그렇게 하여 뭍이 드러나게는 했으되 물을 만든 적은 없었다는 사실, 이는 새삼스러운 발견이 아니라 성서를 주의 깊게 읽어본 사람이라면 누구라도 깨달을 수 있는 내용이다.
　해와 달과 별과 이 땅의 생물까지를 만들었다는 하나님이다. 그런데 왜 물을 만들었다는 기록은 없는 걸까? 언뜻 창세기 기록자의 실수 같아 보이는 이 대목에 있어, 필자는 기록자의 잘못이라기보다는 차라리 한계이지 않았나 생각한다. 그가 외계인이라면 혹시 몰라도 그 역시 지구에 발을 딛고 사는 사람이었을 터, 이 지구를 양분하는 땅과 바다를 미처 염두에 두지 못했음이 분명하기 때문이다. 이는 앞서 언급한 '빛'과 '하늘의 큰 광명' 같은 실수와도 상통하는 문제이긴 하나, 어찌 보면 그리 큰 문제 같지는 않다. 왜냐하면, 앞의 것과 달리 이 '땅'과 '물'의 문제를 제기한 성서의 독자는 별로 없었음이니 그 독자들 역시 이 지구에 발을 딛고 사는 사람으로서의 한계가 작용했음이리라.

  자. 그렇다면 기록자의 실수는 이쯤에서 각설하고, 지금부터는 이 지구의 물이 어디에서 왔는가를 살펴보기로 하자.

  45억 년 전 지구가 탄생한 이후, 이 땅은 오랫동안 수분의 존재라고는 찾을 수 없는 마그마의 열 덩어리로 지속해왔다. 이후의 어느 날, 우주를 방랑하던 한 무리의 운석이 지구의 인력에 이끌려 들어왔다. 다량의 수분을 함유한 엄청난 양의 운석들이었다.[2]

  그 수분의 운석들은 지표에 가까워져 올수록 마그마의 고열에 접하게 되었고, 돌들이 함유한 수분은 모두 수증기가 되어 날아가 버렸다. 지구는 표면의 열을 빼앗겨 비로소 식기 시작하였다. 그리고 이때 날아간 수증기는 상공에 구름층을 형성하였는데, 이 구름층에 지구로부터의 더 많은 수증기가 유입되자 하강을 시작하였다. 그리고 지구의 300m 지점에 이르렀을 무렵 드디어 강우가 일어났다. 구름으로 있기에는 너무 무거웠던 것이었다. 강우는 지표면 온

---

[2] 물의 화학적 구성이 지구상의 물과 동일하다는 점에서 화성과 목성 사이에 있는 소행성군(群)에서 이탈한 운석들로 추정되며 시기는 41억년과 38억년의 사이, 이른바 후기 대폭격기(late heavy bombardment)로 여겨진다. 이와 더불어 물의 지구 유입설에 대한 또 다른 가설이었던 혜성충돌설은 2015년 3월 유럽의 혜성탐사선인 로제타호가 태양계 외곽 혜성의 전형을 보이는 혜성 67P의 탐사 결과를 지구에 전송함으로써 힘을 잃게 되었는데, 67P에서 분석된 물의 구성원소에서 중수소-수소의 비율이 지구상의 물에 비해 현저히 높게 나타난 결과였다.

도를 더욱 떨어뜨림과 동시에 더 많은 양의 수증기를 발생시켰고, 이 수증기는 다시 구름층을 형성, 앞서보다 훨씬 더 많은 양의 폭우를 쏟아내었다. 이 같은 현상은 아주 오랫동안, 지표면이 식을 때까지 내내 지속되었다.

이후, 그때까지 파도치듯 꿈틀대던 마그마는 고형화되어 땅의 모양을 갖추기 시작했던 바, 비로소 원시 지구의 대륙 및 강과 바다가 형성됐던 것이었다. 이상이 이 지구상에 존재하는 물의 연원이었다.

이것이 가설이 아님은 1969년 호주 빅토리아주 머치슨 마을에 떨어진 운석들이 증명해 주었다. 이 돌들에는 여러 종의 아미노산과 수분이 함유돼 있었는데, 이 중 수분에 대한 실험이 일본 도쿄대학에서 행해졌다. 이 돌들을 밀폐된 플라스크에 넣고 가열하자 플라스크 내에는 수증기가 들어찼고, 이것을 냉각하자 곧 물이 되었다. 이 지구상의 물의 연원을 밝힐 더없는 증거가 된 것이었다.

그리고 이 같은 운석의 내습은 지금도 진행 중인 사실인 바, 2013년 2월 러시아 서부 첼랴빈스크 지역을 공포의 도가니로 몰아넣었던 운석우(隕石雨)가 대표적인 예가 될 것이다. 평균지름 17m, 무게 1만t으로 추정되는 다량의 운석들이 쏟아졌던 것인데, 다만 그 돌들에 수분이 함유되지 않았을 뿐이었다.

더욱 최근인 2014년 4월, 위도상 운석이 낙하되기 어려운 한국 땅에서도 대형의 운석이 낙하되는 광경이 목격됐고, 그 잔해가 남부 여기저기에서 발견되어 한바탕 운석 소동이 일었다. 그리고 당시의 신문을 보면 특이하게도 지구상의 금(金) 또한 외계의 운석으로부터 전달되었을 것이라는 보도를 하고 있다. 당시 발견된 운석의

가치를 금의 가격에 비교하면서 생겨난 기사인데, 그 내용은 다음과 같다.[3]

운석은 하늘에서 떨어진 노다지일까. 지난 10일과 11일에 경남 진주에서 운석이 잇달아 발견되면서 국내외 운석 사냥꾼들이 진주로 몰리고 있다. 극지연구소가 "두 암석은 운석"이라고 공식 발표한 16일 진주에서 운석으로 추정되는 세 번째 암석이 발견됐다.
진주 운석은 노다지라 부르기엔 무리다. 운석 노다지 설(說)은 지난달 소치 동계올림픽의 메달에 포함된 운석이 1g당 236만 원으로 알려지면서 퍼지기 시작했다. 이는 순금의 40배 가격이다. 극지연구소가 확인한 진주 첫째·둘째 운석 무게가 각각 9.36kg과 4.1kg이다. 그러니 추정 가격이 각각 약 221억 원과 96억 원에 이른다는 것.
하지만 진주 운석을 판명한 극지연구소 관계자는 "운석 금메달은 올림픽의 상징성이 있어서 고가로 평가된 듯하다"며 "진주 운석을 그와 연관시키는 것은 맞지 않는다."고 말했다. 실제로 진주 운석과 같은 종류의 운석은 해외 거래 사이트에서 1g당 2~5달러 수준에서 거래된다. 최대 5달러로 따져도 9.36kg짜리 운석은 5,000만 원 정도가 된다.
과학자들은 운석 자체는 노다지가 아닐지 몰라도 운석이 지구에 금과 생명이라는 노다지를 전달했을 가능성이 크다는 데 동의하고 있다. 금은 지구의 껍질 격인 지각(地殼)에서 1,000t당 1.3g 정도가 발견된다. 이는 지구의 형성 이론으로 보면 매우 높은 농도이다. 45

---

3) 조선일보. 2014. 3.18

억 년 전 지구가 처음 생겨났을 때는 온통 용암 천지여서 금이 녹아서 지구의 핵으로 가라앉았다는 것이 과학계의 정설이다. 그런데 아직 지각에는 금이 풍부하다.

영국 임피리얼대의 매티아스 윌볼드 교수는 이 모순을 '유성(流星) 폭풍'으로 설명했다. 금을 함유한 운석들이 용암이 들끓던 지구 표면에 부딪히면서 지각에 추가로 금을 전달했다는 것이다. 운석은 별똥별이라 하는 유성이 대기권에서 다 타지 않고 지구에 도달한 것이다. 윌볼드(Wilbold) 교수는 38억 년 전 유성우가 마치 폭풍처럼 지구에 쏟아져 지금의 금을 형성했다고 설명한다.

연구진은 2011년 국제 학술지 '네이처'에 이를 입증하는 증거를 발표했다. 연구진은 유성우 폭풍이 몰아치기 전인 44억 년 전의 암석을 분석했다. 그린란드에서 발견된 이 암석은 금과 유사한 성질을 보이는 텅스텐 동위원소 비율이 유성우 폭풍 이후와 완전히 다른 것으로 나타났다.

물과 더불어 금 또한 외계에서 왔음을 알 수 있게 해주는 기사이다. 혹자는 이 같은 운석에 함유된 아미노산과 물이 지구 생명체의 기원이 됐다고도 하고, 필자 역시 이에 적극적으로 동의하는 바이지만, 여기서는 논외로 하겠다. 여기서는 오직 물이 저 우주로부터 왔음을, 창세기 서문의 '수면'은 바로 이로부터 비롯된 수면임을 말하고 싶음이기 때문이다.

아울러 강조하거니와 이 지구에의 방문객이 있었다는 것, 그리고 그들이 외계로부터 왔다는 전제는 바로 이 '물'로부터 비롯된다. 누군가가 수면 위를 운행하였다는 사실은 그들이 물 밖의 공간에 있었음을 증명하는 더도 덜도 아닌 증거로서 충분하고도 남음이 있기 때문이다.

내방한 신(神)의 집단

다시 창세기의 서문을 더듬을 필요도 없이 그들이 지상의 물을 발견했을 때는 밤이었다. 그리고 다음날 아침, '빛'을 발견하고는 기뻐하였다.

God saw that the light was good.

성서는 이렇듯 담담히 기록하였으되 기대했던 빛을 발견한 그들은 아마도 뛸 듯이 기뻐했을 것이다. 밤과 낮이 존재한다는 것, 그것은 따로 태양이 존재하며 또한 스스로도 회전을 하는 행성임을 말해주기 때문이었다. '공전과 자전을 하는 암석 행성'은 생명체 서식 가능의 최소 조건을 만족시키는 것이었다. 혼돈의 땅에서 물을 발견한 비행선이 그 위를 운행한 것, 그것은 곧 생명체 서식에 있어서의 또 하나의 조건인 '물'에 주목한 까닭이었는데, 거기에 '적정 양의 빛'까지 더해진 것이었다.

　그 아침에 착륙을 한 그들은 더욱 감격해 마지않았다. 이 지구의 뛰어난 자연환경, 특히 적합한 대기 등, 생물이 살기 적당한 생존환경이 조성돼 있다는 사실에 거듭 놀라며 감격했음이니, 이후 그들의 리더가 주도하는 지구 식민지화의 시도가 있었을 것임은 그리 어렵지 않은 짐작이 될 터이다. 창세기 1장의 속도감 있는 기록이 바로 그것을 증언해주고 있기도 하지만, 생각해보라. 인류의 과학이 진일보하여 우리의 유인우주선이 태양계 밖에 있는 어느 천체에서 생물의 생존환경을 갖춘 행성을 발견했다고 했을 때, 우리가 과연 거기에서 무엇을 하겠는가를. 그리고 그 행성에 우리 인류보다 열등한 인류가 존재한다면 그들은 우리 우주인을 뭐라 불렀을 것이며, 우리 우주인이 타고 온 비행선을 뭐라 불렀을 것인가를⋯

　새삼 답할 것도 없이 그들 열등한 인류에게 있어서 우리 우주인은 하늘로부터 온 '신'일 것이며, 우주인이 타고 온 비행선은 '신을 움직이는 신의 신', 즉 '하나님의 신'이 될 터, 창세기 첫머리의 기록은 바로 이로부터 연유됐음이었다.

　그리고 이는 이후로도 내내 마찬가지였으니 출애굽기(35:31), 민수기(24:2), 열왕기하(2:16), 역대하(15:1, 20:14), 욥기(26:13, 33:4, 34:14), 시편(143:10), 잠언(1:23), 전도서(12:7), 이사야(11:2, 30:1, 34:16, 37:7, 40:13, 42:1, 42:5, 48:16, 59:21, 61:1, 63:10, 63:11, 63:14), 에스겔(1:12, 1:20, 1:21, 2:2, 10:7, 11:1, 11:5, 11:24, 36:27, 37:1, 37:14, 39:29), 미가(2:7, 3:8), 학개(2:5) 등에서도 '하나님의 신' 혹은 '주의 신'은 같은 의미로서 사용되어졌다.

다소 이른 감이 있지만, 이중 에스겔서(書)[4]에 나오는 '하나님의 신'을 한번 들여다보기로 하겠다. 그러면 위에 나오는 다분히 의심스럽고 생뚱맞아 보이는 외계인에의 의문으로부터 충분히 자유로워질 수 있으리니.

제 삼십년[5] 사월 오일에 내가 케발 강(Kebar River)[6]가에서 사로잡힌 자들과 함께 있었는데, 저 멀리 하늘이 열리며 여호와께서 그 신기한 모습을 보이시니 곧 여호야긴왕[7]이 사로잡힌 지 5년째 되는 날의 5일[8]이더라.
칼데아 땅[9] 케발 강가에서 여호와의 말씀이 부시의 아들인 나 제사장 에스겔에게 특별히 임하였으니 여호와의 권능이 내 위에서 발휘되었도다.
내가 보니 북방으로부터 폭풍과 큰 구름이 오는데, 그 속에서 불빛이 번쩍거리며 사방을 비추고, 그 불빛 가운데서 불에 달군 쇠 같은 것이 나타나 보이고, 그 속에서 네 생물의 형상이 나타나니 그 모습이

---

4) 에스겔서는 옛 유다 왕국이 신(新)바빌로니아 제국에 의해 침탈되고 왕과 신하와 백성들이 바빌론으로 끌려갔던 기원전 597년 당시, 함께 끌려간 에스겔이란 제사장이 그 5년 후에 쓴 기록으로서 구약성서 제 26권에 해당하는 예언서이다.
5) 집필자 에스겔의 나이로 추정됨.
6) 유프라테스 강에서 흘러나와 신바빌로니아 니푸르시(市)를 관통하는 인공수로. 개역성경의 그발 강.
7) 역사서의 예호이아킨(Jehoiachin). 유다 왕국의 제 18대 왕.
8) 기원전 593년 4월 5일.
9) 칼데아(Chaldea)는 지리학적으로 전(全)바빌로니아 지역을 의미하나 통상 신(新)바빌로니아 제국이 다스리던 바빌로니아의 강역을 말한다. 개역성경의 갈대아.

다음과 같더라.

그것은 각각 네 얼굴과 네 날개가 있고, 그 다리는 곧고, 그 발바닥은 송아지 발바닥 같이 평평하고 또 갈아 빛을 낸 구리같이 빛나며, 그 사면의 날개 밑에는 각각 사람의 손 같은 것이 달려 있더라.

또 그 생물의 얼굴과 날개는 다음과 같은즉, 네 날개는 펴서 서로 다 이어져 있는데, 앞으로 나아갈 때는 돌이키지 아니하고 일제히 앞쪽으로 곧게 나아가며, 그 얼굴들의 모양은 넷의 앞은 사람의 형상이요, 넷의 오른쪽은 사자의 형상이며, 넷의 왼쪽은 소의 형상이요, 넷의 뒤쪽은 독수리의 형태를 하고 있더라.

그 얼굴은 이러하며, 그 날개는 들어 펼쳐서 각기 둘씩 서로 이었고, 또 둘은 몸을 가렸는데, 신(神)이 어느 편으로 가려면 그 생물들도 그대로 돌이키지 않고 가며 일제히 앞으로 곧게 행하더라.

또 그 생물의 모양은 숯불과도 같고 횃불과도 같은데, 그 불이 생물들 가운데서 오르락내리락하며 번쩍거리고, 그 가운데서 번개가 나며 생물들이 빠르게 움직이더라.

내가 그 생물을 본즉 그것이 내려앉은 땅 위에 바퀴가 있는데 사면에 하나씩 있고, 그 바퀴의 형상과 구조는 네 생물이 한결 같았으니, 황옥(黃玉) 같이 빛나며, 그 형태가 바퀴 안에 또 보조 바퀴가 있는 것 같았는데, 움직일 때는 사방으로 향한 대로 돌이키지 않고 가더라.

또한 그 생물의 몸체는 높고 무서우며 네 둘레에 둘러 눈이 가득한데, 생물이 움직일 때는 바퀴도 그 아래서 움직이고, 생물이 땅에서 들릴 때는 바퀴도 따라 들려서, 어디든지 신이 가려하면 생물도 신이 가려는 곳으로 가고, 아울러 바퀴도 따라 들리니 마치 그 생물의 신이 바퀴 가운데도 있는 것 같더라. 그 네 생물들은 이들이 움직이면 저들도 움직이고, 저들이 멈추면 이들도 멈추고, 저들이 땅에서 들릴 때에는 이들도 그 곁에서 들리니 이는 생물의 신이 그 바퀴 가운데도 있음이리라.

그 생물의 머리 위에는 수정 같은 궁창(穹蒼: 둥근 유리창)[10]이 있어 보기에 매우 두려운데, 그 궁창 밑으로 생물들의 날개가 서로를 향하여 펼쳐져 있고, 이 생물들은 두 날개로 몸을 가렸고 저 생물들도 두 날개로 몸을 가렸더라.

그러한 생물들이 날개를 펴고 움직일 때 내가 그 날개 소리를 들으니 그것이 마치 폭우 소리, 전지전능한 자의 목소리, 혹은 군대가 떠드는 소리 같더니 그것이 설 때는 다시 그 날개를 접더라.

그때 그 생물의 머리 위에 있는 궁창으로부터 음성이 들려나왔는데, (그러자 생물이 섰고) 그 생물이 설 때는 다시 날개를 접더라. 그리고 머리 위 궁창 위쪽에 보좌의 형상이 있었으니 그것이 마치 사파이어처럼 빛나는데, 그 보좌 위에는 사람의 형상 같은 것이 있더라.

내가 보니 그 허리 이상의 모양새는 흡사 불에 달군 쇠와 같아서 궁창 안과 주위가 불타듯 빛나고, 허리 아래 역시 이와 같아서 사면으로 광채가 나며, 그 사면광채(四面光彩)의 모양은 비 오는 날 구름 속에 있는 무지개와도 같았으니 이는 곧 여호와의 영광스런 형상의 모습이더라. 내가 이것을 보고 곧 엎드려 그 말씀하시는 자의 음성을 들었더라. (에스겔 1:1-28)

---

10) 괄호 안은 필자의 부기(附記)

앞서의 주석과 같이 이 에스겔이란 예언서는 옛 유다 왕국이 신바빌로니아 제국에 의해 침탈된 후, 유다 왕 이하 여러 신료들과 함께 끌려간 에스겔이란 제사장이 쓴 기록이다. 끌려간 사람들은 당연히 여러 중노동에 동원되었고 그중에는 케발이라는 곳에서 행해진 대운하 건설의 노역도 있었는데, 그곳의 노역자 가운데 에스겔도 있었던 것이다. 그러던 어느 날, 정확히는 붙잡혀 간 지 5년째 되는 해인 기원전 593년 4월 5일, 그곳 케발 운하 공사현장에 북방으로부터 정체불명의 비행체가 출현하는 일이 발생하였다. 에스겔서라는 이 예언서는 이때 그 비행체의 탑승자를 만난 에스겔이 비행체에 대한 묘사와 더불어 탑승자들과 함께했던 행적을 기록으로 남긴 것이므로 절대 거짓일 수 없는 내용일 것이었다.

먼저 강조하고 싶은 것은, 이미 창세기로부터 오랜 세월이 흘렀고 무언가 조금은 알 법한 선지자 에스겔조차 마찬가지로 이 비행체를 '하나님의 신'으로 인식하고 있다는 점이다. 더불어 강조하고 싶은 내용은 문장 속에 숨어 있는 저들 비행선의 모선(母船)과 자선(子船)이 분리되는 광경인데, 사실 이 광경은 이렇다 하게 표현할 길도 없을 터, 어쩌면 위의 문장이 가장 적절했는지도 모르겠다. 그 문장을 다시 한 번 옮겨 보겠다.

> 내가 보니 북방으로부터 폭풍과 큰 구름이 오는데, 그 속에서 불빛이 번쩍거리며 사방을 비추고, 그 불빛 가운데서 불에 달군 쇠 같은 것이 나타나 보이고, 그 속에서 네 생물의 형상이 나타나니 그 모습이 다음과 같더라.

부연하자면, 이때 북방으로부터 나타난 불에 달군 쇠와 같은 정체불명의 비행체는 우주선의 모선이었고, 폭풍과 큰 구름은 우주선이 내뿜는 배기가스를 표현한 것이었다. 그리고 모선이 헤드라이트나 서치라이트 같은 것을 켜자 그 불빛에 의해 모습이 드러났고 다시 그 속에서 네 생물이 출현한 것이었다. 이는 곧 모선으로부터 분리된 4대의 자선이었던 바, 비록 간단한 내용이긴 해도 위의 문장은 저들 우주선의 모선의 출현과 자선의 분리 형태를 보여주었다 하겠다.

그러나 자선에의 묘사부터는 매우 세세하였으니, 사면의 전체적인 형상을 동물의 형상을 빌어 설명했고, 비행할 때와 착륙할 때 각각의 날개를 펴고 접는 모습, 그리고 착륙 시 지상에 몸체를 고정시키는 금속성의 지지대(Outrigger), 날개 밑에 달려 있는 구동 팔(Robot Arms)까지 설명돼 있다. 다만 비행체의 이착륙과 이동에 쓰이는 랜딩기어 형식의 바퀴 구동에 있어서만은 못내 이해가 부족했을 터, 결국은 그 빠르고 자유자재한 움직임을 또 다른 신의 움직임으로서 설명하였다.

동체에의 묘사 또한 세세하였다. 우선 주목할 것은 몸체에 둘러진 눈들과 궁창(穹窓)이다. 에스겔은 높고 무시무시해 보이는 동체를 둘러싼 많은 눈과, 동체 머리 쪽에 위치한 수정 같은 궁창을 묘사했는데, 이것이 동체 여러 곳에 위치한 조명등과 조향등, 그리고 상부에 위치한 둥근 조종석 유리창에 대한 설명에의 갈음임은 더 말할 나위가 없을 것이다.

더불어 그는 비행체 날개의 접고 펴는 광경과 그때의 소리를 묘사했는데, 이 모든 것이 둥근 유리창에서 나는 소리, 즉 조정석으로부터의 명령에 따랐다고 명확히 설명하고 있다.

그런데 이보다 괄목할만한 것은 조정석 내부에 대한 묘사로서, 먼저 눈에 들어오는 것은 유리창 안으로 보이는 사파이어처럼 빛나는 보좌와, 그 보좌에 앉은, 사람처럼 보이는 자의 형상이다. 즉 에스겔은 조정석과 그곳에 앉아 있는 외계인을 본 것이니, 여기서 외계인은 실내등과 조정장치 등으로부터 나오는 불빛을 받아 허리 윗부분은 불 같이 환하게 빛이 났으며, 허리 아래 역시 조정장치 등으로부터 나오는 불빛을 받아 형형색색으로 광채가 나며 빛났던 것이었다. 놀라운 것은 그가 이 외계인을 여호와로 단정해 땅에 엎드려 위에서 들려오는 음성을 들었다는 내용인데, 더욱 놀라운 것은 이 외계인이 정말로 여호와라는 증언이다.

그가 내게 이르시되, 사람의 아들아. 일어서거라. 내가 너에게 할 말이 있노라 말씀하실 때에 그 신이 나에게 임하며 나를 일으켜 세우시는 바, 이에 내가 그 말씀하는 자의 소리를 들으니
내게 이르시되, 사람의 아들아. 내가 너를 이스라엘의 자손 곧 그릇된 행동을 한 백성, 나를 배신한 자에게 보내노라. 그들과 그 조상들이 내게 죄를 범하여 오늘날까지 이르렀나니 그 후손들 역시 얼굴이 뻔뻔하고 못된 자들이니라. 내가 너를 그들에게 보내노니 너는 그들에게 이르기를 너희들의 주인이신 여호와의 말씀이 이러하다 하라. 그들은 그릇되고 순리에 어긋난 족속들인지라 듣든지 아니 듣든지 상관은 없으나 그들 가운데서도 선지자가 있어야 할 것이니라. 사람의 아들아. 너는 가시와 찔레와 함께 하고 전갈 가운데 있을지라도

그들을 두려워말고 그들의 말 또한 두려워 말지어다. 그들은 그릇된 족속이니 그 말을 두려워 말며 그 얼굴을 무서워 말지어다. 그들은 심히 그릇된 자들이니 듣든지 아니 듣든지 너는 내 말로 고할지어다.
(에스겔 2:1-7)

그런데 여기서 따로 주목할 내용은 에스겔에게 임해 그를 일으켜 세웠다는 '신'으로, 이어진 다음 문장을 살펴보면 이는 목소리의 주인공을 말함이 아니라 위에서 설명한 물체를 지칭함을 알 수 있다.

이때 주의 신이 나를 들어 올리시는데, 내 뒤에 크게 울리는 소리가 들려 이르기를 여호와의 처소에서 비행하는 영광을 찬송할지어다 하니 이는 생물들의 날개가 서로 부딪히는 소리와 생물 곁에 바퀴 소리가 크게 울리는 소리더라.
주의 신이 나를 들어 올려 데리고 가시는데, 내가 근심하고 분한 마음으로 행하니 여호와의 권능이 힘 있게 나를 감동시키더라. 이에 내가 텔아비브에 이르러 그 사로잡힌 백성, 곧 케발 강가에 거하는 자들에게 나아가 그 속에서 딱하고 답답한 심정으로 칠 일을 지내니라.
(에스겔 3:12-15)

말하자면 에스겔은 비행체의 로봇팔에 들려 비행체에 탑승하게 된 것이었다. 하지만 이에 대해서는 뒤에 자세히 설명하기로 하겠고 여기서는 우선 그가 비행체를 '주의 신'이라 지칭했다는 것만 짚고 가기로 하겠다.

그런데 주목할 것은 이는 비단 선지자 에스겔의 경우뿐만이 아니었으니 때로는 하나님 그 자신조차 자신의 비행선을 '신'이라 부른 적이 있다는 사실이다. 물론 이것은 하나님이 자신의 비행선을 신이라 생각해서가 아니라 일반 사람들이 쉽게 알아듣기 하기 위하여 한 말이긴 하지만, 언급 그 자체로도 놀랍고도 흥미로운 일이라 하겠다.

> 사람이 땅 위에서 번성하기 시작할 때에 그들에게서 딸들이 나니 하나님의 자식들이 사람의 딸들의 아름다움을 보고 자신들이 좋아하는 자를 아내로 삼았고, 그 후로도 하나님의 아들들이 사람의 딸들을 취하여 자식을 낳았으니 고대에 유명한 사람이었더라.
> 여호와께서 가라사대, 나의 신이 영원히 사람과 함께 하지 아니하리니 이는 그들이 유한한 생명체가 됨이니라. 따라서 인간의 날들은 120년이 될 것이니라. (창세기 6:1-4)

뒤에 다시 충분한 언급이 있겠지만, 땅 위의 혼란상을 본 여호와는 이에 실망하고 자신의 비행선을 타고 이 땅을 영원히 떠날 것을 결심하는데, 이로 인해 영생에 가까운 수명을 누렸던 그의 후손들 역시 다른 인간들과 마찬가지로 최대 120년까지 살 수밖에 없게 된다는 내용이다. 그 외에도 구약성서에서는 여호와가 '나의 신'이라 칭하는 대목이 다수 등장하는데, 내용을 주의 깊게 들여다보면 이 역시 자신의 비행선을 지칭하는 대목들로 일괄되어진다.

이제 비행선에 대한 설명은 어느 정도 되었으리라 여겨지는 바, 다시 창세기의 본문으로 돌아가 보자.

이후 그들은 이 같은 비행선을 이용, 수 없이 지구를 왕래하며 이 땅을 차례로 경작해 나갔으니, 둘째 날, 즉 두 번째로는 땅을 척지해 자신들이 거할 환경을 만들었고,

> 하나님이 가라사대, 천하의 물이 한 곳으로 모이고 뭍이 드러나라 하시매 그대로 되니라.

셋째 날, 즉 세 번째로는 자신들이 가지고 온 여러 종(種)의 식물들을 이 땅에 경작하였다.

> 하나님이 가라사대, 땅이 풀과 씨 맺는 채소와 각기 종류대로 씨 가진 열매 맺는 나무를 내라 하시매 그대로 되어, 땅이 풀과 각기 종류대로 씨 맺는 채소와 각기 종류대로 씨 가진 열매 맺는 나무를 내니 하나님이 보시기 좋았더라.

이렇게 자신들이 살 환경을 완성한 그들은 비로소 이 땅에서의 본격적인 생활을 시작하였던 바, 그 내용이 바로 창세기 1장 14절의 기록으로서, 창세기 1장 3절의 '빛'과 1장 14절의 '광명'은 이렇게 대별된다.

> 하나님이 가라사대, 하늘의 궁창에 광명이 있어 주야를 나뉘게 하라. 또 그 광명으로 하여 징조와 시간과 일자와 연한을 이루라.

즈음하여 그들은 본격적으로 생물들을 이주시키고 때로는 지구의 환경에 맞게 육종하거나 개량하였던 바, 그 내용이 창세기 1장 21장부터 26장에 걸쳐 길게 소개되어 있다.

> 하나님이 가라사대, 물들은 생물을 번성케 하라. 땅 위 하늘의 궁창에는 새가 날라 하시고, 하나님이 큰 물고기와 물에서 번성하여 움직이는 모든 생물을 그 종류대로, 날개 있는 모든 새를 그 종류대로 창조하시니 하나님이 보시기에 좋았더라. 하나님이 그들에게 복을 주어 가라사대, 생육하고 번성하여 여러 바다와 물에 충만하라. 새들도 땅에 번성하라 하시니라.
> 하나님이 땅의 짐승을 그 종류대로, 땅에 기는 모든 것을 그 종류대로 만드시니 하나님이 보시기에 좋았더라.[11]

그리고 마지막으로는 사람을 만들어 자신들이 이뤄놓은 지구 식민지를 다스리도록 만들자는 실로 파격적인 제안을 하게 된다. 즉 본격적인 괴뢰정권의 수립을 기도한 것인데, 창세기에는 그 취지가 하나님의 육성으로서 자세히 수록돼 있다.

> 하나님이 가라사대, 우리의 형상을 따라 우리의 모양대로 우리가 사람을 만들고, 그로 하여금 바다의 고기와 공중의 새와 육축과 온 땅과 땅에 기는 모든 것을 다스리게 하자.

---

11) 창세기 1장에서는 동물을 만든 후 사람을 만들었지만 2장에서는 사람을 만든 후 동물을 만든 걸로 되어 있다.

또한, 그 제안은 현실로 옮겨졌다.

> 하나님이 자기 형상, 곧 하나님의 형상대로 사람을 창조하시되 남자와 여자를 창조하시고, 하나님이 그들에게 복을 주시며 그들에게 이르시되, 생육하고 번성하여 땅에 충만하라. 땅을 정복하라. 바다의 고기와 공중의 새와 땅에 움직이는 모든 생물을 다스리라 하시니라.

그들 외계인에 의한 인간의 창조는 그렇게 이루어졌다. 그러면서 그 시료로서는 하나님, 즉 그들 리더의 세포가 제공됐던 바, 말하자면 그들 외계인 리더를 복제한 복제인간(clone)의 탄생이었다. 우주여행이라고 해봤자 유인우주선으로서는 저 달나라를 갔다 온 것이 전부인 우리 인류이지만, 그 인류조차 이미 지난 20세기에 영장류의 클론 생산에 성공한 바 있다. 그렇게 본다면 그야말로 천문학적 거리를 날아온 저들 외계인의 기술력에 있어 복제인간의 창조쯤은 그리 어려운 일이 아니었을 것이다.

다만 여기서 한 가지 주목해야 할 것은 남자와 여자를 함께 만들었다는 내용이다. 우리가 흔히 최초의 인간이라고 알고 있는 아담이란 인간은 이 창세기 1장에는 등장하지 않는 바, 저들은 이미 아담에 앞서는 인간군(群)을 창조했음이었다. 저들이 '생육하고 번성하여 땅에 충만하라'고 창조된 인간들에게 명령한 것을 보더라도 적어도 한 쌍 이상의 남녀를 만들었고, 그들로부터 비롯될 대규모 번식을 기대했음을 알 수 있다. 아울러 '땅을 정복하라'는 노골적인 명령에서는 창조된 인간의 수가 처음부터 과수(夥數)였을 것임과,

인간 창조의 궁극적 목적이 어디에 있었는가가 미루어 짐작된다.

그리고 또 한 가지. 여기서 하나님이 꼭 남자였으리라는 확신은 없지만, 남자와 여자를 창조하였다는 어순(語順), 그리고 훗날 여호와가 다시 인간을 창조할 때, 남자 인간인 아담을 먼저 만들었다는 내용 등을 미뤄보면 우선으로 제공된 줄기세포는 남성의 것일 가능성이 높으며, 이후 같은 세포의 성염색체를 변환시킨 클론, 즉 여자 인간이 탄생했을 것이다.

이상으로 지상의 모든 것이 완성되었다. 여기서 다시 더듬어 보자면 모든 것은 가라사대(sad)로서, 곧 명령과 같은 말씀으로서 시작되고 완성되어진다. 그리고 내용에서는 아직 그 존재가 드러나 있지 않으나, 그 같은 명령을 받은 수하들이 말씀을 이행하는 방식으로서 서술돼 전개해 나간다. 그런데 이는 우연하게도 '태초에 말씀이 있었다(In the beginning was the Word)'고 하는 요한복음 1장 1절의 내용과 아주 유사하다. 즉 '태초에 하나님이 천지를 창조하셨다'라는 창세기 1장 1절과 요한복음 1장 1절의 내용이 동일하다는 것인데, 한 가지 더 관심을 끄는 내용은 그때 예수가 하나님과 함께 있었고, 그때 그가 만물을 창조했다는 요한복음의 서술이다.

> 태초에 말씀이 계시니라. 이 말씀이 하나님과 함께 계셨으니 이 말씀은 곧 하나님이시니라. 그가 태초에 하나님과 함께 계셨고, 만물이 그로 말미암아 지은 바 되었으니 하나도 그가 없이는 된 것이 없느니라. (요한복음 1:1-3)

다시 말해 예수는 태초에 하나님과 함께 만물을 만드는 데 지대한 역할을 했다는 것이니, 창세 이전에 자신이 하나님과 함께 있었다는 그의 주장[12]도 전혀 틀림이 없다 하겠다. 하지만 유감스럽게도 이상의 피조물은 그들 조물주의 의지와는 달리 번성하여 땅에 충만하지 못했고 땅을 정복하지도 못하였으니,[13] 이후 기원전 4년(혹은 기원전 6년)에 이 땅에 재림한 예수가 정말로 과거의 그였다면 그는 아마도 이 1차 지구 식민화 프로젝트의 실패에 대한 책임감으로서 다시 온 것이 아닌가 하는 생각이 든다.

로마 시대의 예수가 정말로 태초의 천지창조 과정에 참여했던 예수였는가? 아니면 과대망상증을 지닌 당대의 한 유대인이 하나님의 아들을 사칭하였는가? 혹은 예수가 정말로 실존인물이긴 하였는가? 하는 등의 예수의 정체에 관한 일련의 궁금증은 여기서 간단히 말할 바가 못 되고 따로 책 한 권을 마련해야 할 분량의 내용이 되겠지만, 이 책의 전체적인 취지는 '성서의 내용을 있는 그대로 이해하고 해석하자'는 것이기에 그 취지에 맞게 내린 결론이 그러하다는 말이다.

마지막으로 덧붙이고 싶은 것은 '하나님을 닮은 인간'을 만든 '우리'에 대한 교계(敎界)의 해석이다. 이것이 그 유명한 삼위일체론(三位一體論)으로 사도 바울 이후의 가장 위대한 성자라 불리는 아우구스티누스의 작품이다. 서두에 등장하는, 하나님의 창세 이전

---

12) 요한복음 17:5
13) 곧 이어질 창세기 2장의 초장에는 하나님이 창조한 동식물이 모두 멸절했음을 말해주는 대목이 등장한다.

의 행적에 대해 고심했던 바로 그 사람이다. 창세기에 등장하는 '우리'란 곧 '성부(聖父)와 성자(聖子)와 성령(聖靈)의 합체(合體)인 삼위일체 하나님을 가리키는 것'이라는 알 듯도 하고 모를 듯도 한 해석인데, 아무튼 이와 같은 주장은 지금은 기독교의 완성된 이론으로 자리 잡았다. 그 해석이 어렵기도 하거니와 성서의 전권(全卷)을 통해서도 전거를 찾기 힘든 삼위일체의 교리를 부득불 '우리'의 해석에 꿰맞춘 것이었다. 하지만 아우구스티누스의 교리는 그래서 유명해졌다. 이와 같은 삼위일체론이 아니고는 성서의 많은 부분을 해석할 수 없기 때문이니, 필자가 득의(得意)로서 주장한 '수면 위를 운행한 하나님의 신'마저도 삼위일체론은 다음과 같이 설명한다. '하나님이[=성부] 말씀으로[=성자] 세상을 창조하실 때 그때 하나님의 신[=성령]이 수면에 운행하셨다'는 것이다. 뭔 소리인지는 모르겠으나 아무튼 그렇다는 것이다.

그런데 위에 언급된 '우리'를 필자와 비슷한 관점으로 본 신학자들이 있었다. 초기 교회의 필로(알렉산드리아의 필로)나 마이모니데스 같은 학자들인데, 그들은 성서에 '우리'라는 복수 의미의 단어가 사용된 것은 하나님이 인간을 만들 때 주위의 천사들과 상의한 때문이라는 주장을 폈다. 그러나 이 같은 주장은 곧 아우구스티누스에 반박 당했다. 그렇다면 왜 '하나님의 형상'이라는 구절이 강조되었겠냐는 것으로, 하나님이 천사들의 형상대로가 아닌 자신의 형상대로 인간을 지은 것에는 보다 영적인 뜻이 숨어 있다는 주장이었다.

하지만 '하나님의 형상'에 관한 그의 주장은 삼위일체론으로 정립된 '우리'와는 달리 후대 교회의 완전한 동의를 얻어내지 못했다. 필로나 마이모니데스의 주장을 따랐으면 간단했을 것을 하나님의 영성(靈性)을 강조한 탓에 그 해석이 오히려 복잡해진 것이었다. 그리하여 나중에는 이 '형상(image)'에 '모양(likeness)'까지가 첨부되어 더욱 복잡해지기 이를 데 없었는데, 결과적으로는 아직까지도 이렇다 결론이 없는 것이 실정이다. 사실 매우 간단한 문제가 매우 어렵게 만들어진 것이니, 이 '하나님을 닮은 인간'의 해석에 있어서는 이레네우스, 오리게네스, 아나타시우스, 펠라기우스, 아우구스티누스 등 초기 교회의 이름난 교부와 학자들의 의견이 달랐고, 중세에 있어서는 루터와 캘빈의 견해가 또한 달랐다. 예를 들면 캘빈이 주장하는 '하나님을 닮은 인간'의 해석은 이렇다.

"하나님의 형상이라는 용어는 아담이 부여받은 완전성을 지칭하는바 명료한 지성, 이성에 복종하는 지성, 적절히 통제된 감정, 창조주가 부여한 모든 탁월하고 찬탄할 만한 재능을 가리킨다. 물론 하나님의 형상의 자리는 정신과 마음, 혼과 그 능력이지만, 육체의 모든 부분 가운데 다소라도 영광의 빛이 비춰지지 않은 부분은 있을 수 없다."
〈R. 벌코프 著 '조직신학'〉

신학을 공부했다는 필자인즉, 필자는 이와 같은 캘빈의 주장을 이해해보려 몇 번이고 들여다봤지만 끝내 그 뜻이 모호했고, 그것은 루터의 주장 역시 마찬가지였다. 그리고 말한 바와 같이 이 '하나님을 닮은 인간'의 해석은 지금까지도 정설이 없으니 로마 가톨릭과

개신교의 입장이 다르고, 개신교 여러 교파의 견해 또한 분분할뿐더러 심지어는 필자가 만나 본 동일 교단에 속한 교회 목사님들의 견해마저 각양각색이었다.

'하나님의 형상대로 창조되었다는 인간.' 수 세기 동안 많은 신학자들이 이에 대한 정확한 메시지를 찾고자 노력했음에도 지금껏 그 의미조차 파악치 못하고 있음이었다.

하나님의

1차 실패와

2차 경영

창세기의 1장과 2장의 내용은 서로 연결되지 않는다

동방에 둔 식민기지 에덴과 인간의 재창조

고도의 지능과 언어 능력을 지닌 뱀

창조된 인간의 에덴 퇴출과 전능한
여호와의 만시지탄(晩時之歎)

형제를 살해한 카인과 그를 비호한 하나님,
그리고 카인이 만나기를 두려워 한 사람들

카인의 도시의 번영과 쇠락

아담의 후예와 외계인의 비행선을 타고 떠난 어떤 사람

지구의 여자들에 반해 무시로 날아든
하나님의 자식들과 이에 분노한 하나님

하나님의 심판에서 살아남은 별로 의롭지 못한 '의인' 노아

노아 후손들의 번성과 분화

바벨탑의 처구성과 문명의 새벽

|
창세기의 1장과 2장의 내용은
서로 연결되지 않는다.
|

앞서 잠깐의 언급이 있기도 했지만, 창세기를 읽으면서 우리가 또 한 가지 간과하고 넘어가는 것이 바로 1장과 2장의 상이한 내용이다. 다시 말하자면, 창세기 2장의 내용은 분명 1장과 다름에도 불구, 아무런 문제없이 그대로 읽힌다는 것이다.

살펴보자면, 창세기 2장의 초입은 다음과 같다.

천지와 만물이 다 이루니라. 하나님이 지으신 일이 일곱째 날에 이를 때에 마치니 그 지으시던 일이 다하므로 일곱째 날에 안식하시니라. 하나님이 일곱째 날을 복 주사 거룩하게 하셨으니 이는 하나님이 그 창조하시며 만드시던 모든 일을 마치시고 이 날에 안식하셨음이더라. 이것이 그들이 천지를 창조할 때의 전말이니라. (창세기 2:1-4) 여호와 하나님이 땅에 비를 내리지 아니하셨고 경작할 사람도 없었으므로 들에는 초목이 아직 없었고 밭에는 채소가 아직 나지 아니하였으며 안개만 땅에서 올라와 온 지면을 적셨더라. 여호와 하나님이

흙으로 사람을 지으시고 생기를 그 코에 불어 넣으시니 사람이 생령(生靈)이 된지라. (창세기 2:5-7)

앞의 문장, 즉 2장 1절부터 4절은 창세기의 1장을 받아 하나님의 휴식까지를 설명하였는데, 결론으로서는 이로써 모든 창조의 과정이 끝났음을 강조하고 있다. 그런데 그다음 5절부터는 느닷없이 이 땅에 초목도 없고 채소도 없이 오직 안개만이 지면을 적셨다고 말한다. 그렇다면 1장의 그 많던 초목들, 즉 '하나님이 가라사대, 땅은 풀과 씨 맺는 채소와 각기 종류대로 씨 가진 열매 맺는 나무를 내라 하시매 그대로 되어, 땅이 풀과 각기 종류대로 씨 맺는 채소와 각기 종류대로 씨 가진 열매 맺는 나무를 내니 하나님이 보시기 좋았더라'던 그 풀과 나무와 채소는 다 어디로 간 것일까? 그것이 단종(單種)도 아니었고 각기 종류대로였으니 시간이 지났다면 오히려 더 무성해져야 하지 않았을까? 그런데 그보다 더 이상한 것은 하나님이 자신의 형상대로 만들어 복을 주었다는 남자와 여자 역시 이 땅에서 사라지고 없다는 것이다. '생육하고 번성하여 땅에 충만하고 땅을 정복하라'던 조물주의 기대에 부응하기는커녕 오히려 멸종했다는 말이다. 다시 말하거니와 창세기 1장에서 만든 사람들은 분명 사라지고 없었고, 2장에서 하나님이 사람을 만든 이유는 땅을 경작할 이들이 없었기 때문이었다. 한마디로 말해 1장에서 2장으로 넘어가는 세월 동안 하나님이 만든 모든 생물이 멸종되었다는 것이다.

그렇다면 인간을 비롯한 이 땅의 모든 동식물을 멸종시킨 사건은 과연 무엇이었을까? 우선은 지구상의 공룡을 전멸시켰다는 소행성의 지구 충돌이 연상되지만, 그보다는 빙하기의 도래가 원인이었을 것 같다. 이를테면 최초의 빙하기였다는 5억 7천만 년 전의 선(先)캄브리아 대빙기(大氷期)나 지구상 생물들을 거의 멸절시켰다는 고생대의 카루 빙기(Karoo Ice Age 3억 6천만 년~2억 6천만 년 전) 같은 극한(極寒)을 견뎌내기는 아무리 축복받은 생물일지라도 무리였을 듯싶기 때문이다. 아니 지구 밖에서 유입된 외래종의 경우는 지구 환경에의 면역력이 취약해 오히려 더 빨리 멸종에 이르지 않았을까 싶다. 그리고 저들 역시 세대를 거치며 지구상 생물의 멸절 과정을 목격했을 듯싶다. 창세기의 1장을 화려하게 장식하고, 2장의 초입에 천지 창조의 주역으로서 재차 강조된 바로 '그들'을 말함이다.[14]

이후 빙하기가 쇠퇴하고 간빙기가 시작되던 1만 년 전쯤에 이르러 저들은 이 땅에 다시 날아왔다. 지금이야말로 지구의 생물이 생육하고 번성하기 가장 적합한 때라는 것을 알아차렸음이었다. 창세기 2장에서는 이때 날아온 무리를 앞의 1장과는 분명 다르게 적고 있으니, 이제 저들은 지금까지 불러온 단순한 신(God)이 아니라 여호와(Jehovah)라는 신비롭고도 구체적인 이름을 가진 존재로 출현하였다. 말하자면 지구 식민화의 보다 계획적인 방안으로서 여호와라는 호칭의 책임자가 선정된 것이랄 수 있었다. 그 밖에도 저들 무리의 책임자는 상황에 맞춰 야웨(Yahweh), 엘(El), 엘로힘(Elohim), 엘리온(Elyon), 아도나이(Adonai), 샤다이(Shadai), 엘 샤다이(El Shadai) 등으로 불리었고, 수하의 무리들은 상위 계급인 세러

---

14) 이것이 그들이 천지를 창조할 때의 전말이니라(This is the account of the heaven and earth when they were created). (창세기2:4)

프(seraph)와 하위 계급인 체러브(cherub)로 분류돼 불리었다. 그리고 때로는 책임자의 호칭과 수하들의 호칭이 혼용돼 불린 적도 있었으니 저들이 무더기로 나타날 때에의 혼동이었다.

그리고 여기서 무엇보다 중요한 것은 1장의 신(God)은 구약성서의 원문에서는 엘로힘(אלהים)이라는 복수명사를 사용하고 있다는 점인데, 이는 신의 호칭을 다룸에 있어 아무리 강조해도 부족함이 없는 말이다. 왜냐하면, 어느 사전을 막론하고 간에 엘로힘은 신의 복수명사, 즉 '신들'로 되어 있기 때문이니,[15] 구체적으로 엘로힘을 '하늘에 있는 존재들'이라고 해석한 사전도 존재한다.[16] 아울러 창세기 1장에 등장하는 신을 원어 그대로인 엘로힘으로 해석하면 위에서 왈가왈부한 '우리'의 해석에 있어서도 여타의 문제가 따르지 않는다.

아무튼 저들이 외계로부터 왔다는 것, 그리고 책임자인 여호와 밑에 엘로힘으로 뭉뚱그려진 세러프와 체러브 등의 계급이 존재하고 있다는 사실은 여호와 자신의 육성 및 여러 선지자의 증언으로써 더욱 명확해지는데, 그중의 중요한 대목을 추려보면 다음과 같다.

> 여호와 하나님이 말씀하시길, 보라 사람이 선악(善惡)을 아는 일이 우리 중의 하나 같이 되었으니 그가 손을 들어 생명나무 실과도 따먹고 영생을 할 것임이 분명하다 하시고… 하나님이 그 사람들을 쫓아내시고 에덴동산에 체러빔[17]과 두루 도는 화염검을 두어 생명나무 길

---

15) 단수는 엘로아(אלוה).
16) 제프리 W. 브라밀리 著, '성서 신학사전'.
17) cherubim. 성서의 하위(下位) 천사인 체러브(cherub)의 복수형.

을 지키게 하시니라. (창세기 2:22-24)

하루는 하나님의 아들들[18]이 와서 하나님 앞에 섰고 사단도 그들 가운데 왔는지라. (욥기 1:6)

내가(선지자 미가) 보니 여호와께서 그 보좌에 앉으셨고 하늘의 만군이 그 좌우편에 모시고 서 있는데…(열왕기상 22:19)

내가(선지자 이사야) 본즉 주께서 높이 들린 보좌에 앉으셨는데 그 옷자락은 성전에 가득하셨고 세러프들은 모셔 섰는데… 내가 또 주의 목소리를 들은즉 이르되, 내가 누구를 보내며 누가 우리를 위하여 갈꼬(이사야 6:1-8)

말하자면 선지자 미가나 이사야는 앞서의 에스겔과 마찬가지로 여호와가 비행선의 보좌에 앉은 모습을 목격한 것인데, 더 나아가 이사야는 시립(侍立)한 세러프들 중에서 과연 누구를 보내야 저 참람한 유다 백성들을 회개시킬 수 있을 것인가 하는 여호와의 고민까지도 육성으로 들었던 것이다.

---

18) 욥기 1:6 및 2:1, 그리고 창세기 6장 등에 등장하는 '하나님의 아들들'은 원문에서는 모두 '엘로힘'으로 표현되어 있다.

동방에 둔 식민기지
에덴과 인간의 재창조

저들은 자신들의 거점으로서 당연히 자신들이 살던 곳과 유사한 환경을 선택했을 터, 처음으로 선택되어진 장소가 팔레스타인의 예리코(여리고)[19] 지역이었다. 하지만 그곳에서의 생활은 그리 오래가지 못하였고 곧 식량의 확보가 쉬운 터키 동쪽 카이우누(차유누) 일대로 거점을 옮겼다. 훗날 비옥한 초승달 지역(the Fertile Crescent)이라 불린 메소포타미아 옥토의 중심이자 야생 밀의 자생지인 아프가니스탄-카프카즈 벨트의 중심에 해당하는 지역이었는데, 그 두 지역에 대해서는 차차 설명하기로 하고 여기서는 일단 넘어가기로 하겠다.

거점을 정한 그들은 인공강우로서 서둘러 비를 내리고 들에 초목과 채소를 심었다. 또한, 그곳에서도 장소에 거할 인간을 만들었는데, 다만 이번에는 앞서의 실패를 교훈 삼음인지 먼저 남자인간만

---

19) 이스라엘 예루살렘으로부터 북동쪽 24km, 사해(死海)로부터 북서쪽 11km에 위치한 도시.

을 만드는 조심스러움이 있었다. 성서에는 그 남자인간을 흙의 먼지(the dust of the ground)를 질료로 하여 만들었다고 했으나 그 이름이 '아담'이라 불린 것을 미루어 보자면 좀 더 숙고해야 할 무엇이 있다.

아담이란 이름이 당대에 불린 이름인지, 훗날 붙여진 이름인지는 창세기를 보아서는 알 수 없다. 그러나 아담은 무엇인가를 만드는 질료인 아다마(אדמה 붉은 진흙)라는 히브리어로부터 파생되었거나 연관된 이름임에는 분명할 터, 사실 흙이나 먼지보다는 '만들어진 존재'라는 의미가 강조돼야 할 이름이라는 것이다.

저들이 창설했다는 에덴의 위치와 환경은 창세기에 비교적 상세히 나와 있다.

> 여호와 하나님이 동방[20]의 에덴에 동산을 창설하시고 그 지으신 사람을 거기 두시고, 여호와 하나님이 그 땅에서 보기 아름답고 먹기 좋은 나무가 나게 하시니 동산 가운데에는 생명나무와 선악을 알게 하는 나무도 있더라.
> 강이 에덴에서 발원하여 동산을 적시고 거기서부터 갈라져 네 근원이 되었으니, 첫째의 이름은 비손이라 금이 있는 하윌라 온 땅에 둘렀으며, 그 땅의 금은 정금이요 그곳에는 베델리엄과 호마노도 있으며, 둘째 강의 이름은 기혼이라 구스 온 땅에 둘렀고, 셋째 강의 이름

---

20) 당시에 '동방'이니 '서방'이니 하는 방위의 개념은 있을 수 없다. 따라서 동방은 외계인의 최초 거주지인 예리코(여리고)의 동쪽을 의미한다고 보아야 한다. 이에 대해서는 뒤에서 자세한 설명을 다시 하도록 하겠다.

은 힛데겔[21]이라 앗수르 동편으로 흐르고 앗수르 동편으로 길게 흘렀으며, 넷째 강은 유브라데더라.

후세 사람들은 위의 내용을 근거로 이 지구상에 존재했었다는 에덴동산을 찾으려 애썼다. 하지만 아직 주장만이 분분할 뿐인데, 그 주장들이 나름대로의 근거를 갖는 것은 에덴에서 발원하였다는 두 강, 즉 티그리스와 유프라테스가 지금도 엄연한 까닭이다. 반면 그것이 정설이 되지 못하는 이유로는 나머지 두 강, 즉 하윌라 땅에 둘러져 있다는 비손 강과 구스의 강역에 둘러져 있다는 기혼 강의 위치를 알지 못함이었다. 이에 근자에 발행된 한 유명 성서의 해설서[22]는 위의 두 강을 나일 강의 상류에 갖다 붙이기도 하였으나 적어도 그건 아닐 듯하다.(그림1 참조)

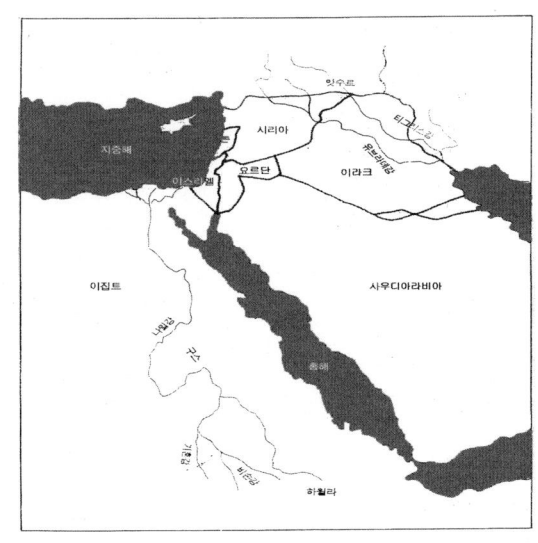

그림1

에덴동산에서 발원(發源)한 네 강

---

21) 티그리스 강을 지칭하는 히브리어
22) 성서 독자의 이해를 돕기 위해 성서의 각 챕터에 붙은 서론서.

무엇보다 네 강의 발원지가 너무 동떨어져 있는 까닭이다. 언뜻 그것이 무지의 소산이라고 여겨지기도 하지만, 살펴보자면 기실 그렇지는 않으니 그 오래된 아우구스티누스와 히에로니무스[23]의 주장이 지금껏 받아들여지고 있는 것이다. 아우구스티누스와 히에로니무스는 구스를 이집트 남부에 실재하였던 쿠쉬 왕국이라 생각했고, 따라서 구스의 온 강역을 둘러 흐른다는 기혼은 나일 강의 상류가 될 수밖에 없었다. 에티오피아인과 이집트의 꼽트교도들이 나일을 '게이온'이라 부르는 것도 그들의 주장을 뒷받침하는 근거였다.

하지만 현대의 성서 해설서가 아직까지 이 같은 주장을 답습하고 있는 것은 자못 해괴하기까지 하니, 그 뒤로 이어진 여러 학자들의 에덴의 찾기 위한 지난한 노력에 비춰보면 더욱 그렇다.

그림2

---

23) 중세의 신학자(AD 347~419/420). 중세 라틴 교부 가운데 가장 학식 있는 학자로 평가 받으며, 라틴어 번역본 성서인 '불가타(Vulgata)'의 저술자로 유명하다.

그 대표적인 노력의 산물이 1560년에 발행된 캘빈파의 성서, 이른바 제네바 성서의 도해(圖解)이다. 초대 교부들이 정해 놓은 에덴의 영역이 너무 광범위하다고 느낀 후대의 신학자들이 나름대로 근거로서 하윌라와 구스 땅을 비정(比定)하여 비손과 기혼을 정하고, 나머지 티그리스와 유프라테스 강이 합쳐지는 하류 삼각지를 에덴동산으로 삼았던 것이었다.(그림2 참조)

그런데 도해 때문인지 이와 같은 제네바 성서의 주장은 의외로 오랫동안 설득력을 미쳐 오늘날 대다수의 사람들이 에덴의 위치를 이라크 남부, 옛 우르 땅 어디라고 생각하거나 나아가 페르시아만 바스라항(港) 인근의 바다 속이라고까지 주장하고 있다. 과거의 해안이 지금의 해안보다 훨씬 뒤로 물러나 위치했던 점에 근거한 것인데, 미국 미주리주립대학 고고학과 유리스 자린스(Juris Zarins) 박사의 바다 속 이론이 대표적이다.(그림3 참조. 그림은 『민중서간』「성서의 수수께끼」에서 발췌)

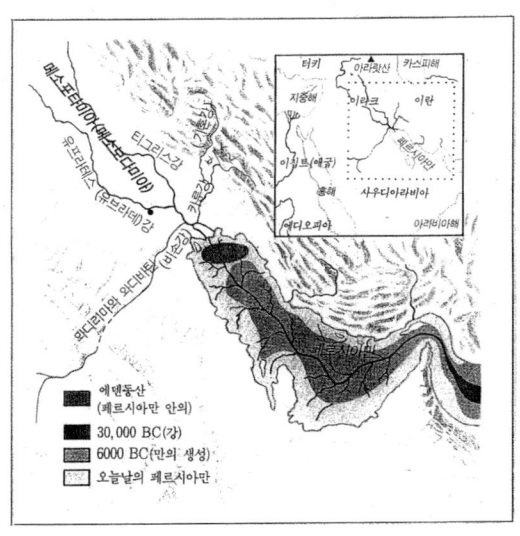

그림3

하지만 이상의 주장은 성서의 근본된 단어를 곡해하였거나 혹은 의도적으로 무시했음이니 전혀 옳다고 볼 수 없다. 여기서 그 근본된 단어란 당연히 '발원(히브리어의 rosh)'이다. 즉 위의 네 강이 공통으로 시작되는 곳에 곧 에덴이 있었다는 얘기다. 그렇다면 그곳은 과연 어디일까? 따로 물어볼 것도 없이 성서에 언급된, 그리고 그 이름이 지금도 현존하는 티그리스와 유프라테스 두 강의 발원 지점 인근이 될 것이다.

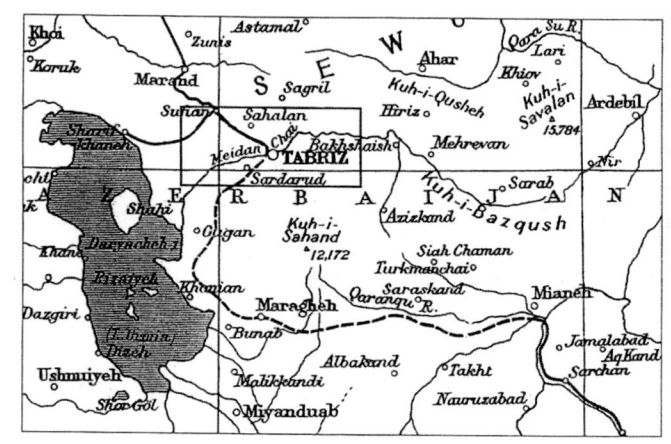

그림4

영국의 데이비드 롤(David Rohl)이란 고고학자는 이와 같은 생각을 가지고 에덴을 찾아 나선 사람이다. 말한 바대로 그는 네 강의 발원지를 찾고자 티그리스와 유프라테스 두 강의 상류 지역인 코카서스 지방을 집중 탐사하였다. 그리고 그 결과, 두 강의 발원 지점에 인접한 아락세스라는 강이 이슬람교도의 침략 이전에는 가이훈으로 불렸다는 사실에 근거하여 아락세스를 기혼으로 비정하고, 이어 다시 이를 근거로 비손 강을 찾아내어 에덴의 지도를 도출해냈다. 이란 서북부 우르미아호(湖) 동쪽의 고도(古都) 타브리즈 일대였다.(그림4 안의 네모난 부분, 그림은『해냄』「문명의 창세기」에서 발췌)

 그 밖에도 에덴을 찾으려는 이른바 에덴의 추적자들은 지금껏 헤아릴 수 없을 정도로 많았다.[24] 당연히 그 가설 또한 헤아릴 수 없게 많았을 터인데, 필자가 유독 데이비드 롤의 학설에 주목한 이유는 그래도 그의 생각이 필자의 생각과 근접하고 있는 까닭이다. 하지만 그것은 다만 '발원'의 측면에서 일뿐, 서로가 지목하는 위치는 다르니 필자가 비정하는 에덴의 위치는 오히려 우르미아호의 서쪽 산록이다.(그림5 참조) 그래야만 창세기의 다른 설명도 원만하겠기에. 다만 필자는 앞의 언급과 같이 두 강의 발원 지점만을 근거로 삼을 뿐 나머지 두 강을 찾으려는 노력은 않는 바, 이는 곧이어 설명될 대홍수 때문이다. 40일 동안 퍼부었고 150일 동안 세상을 잠기게 했다는 그 엄청난 물의 위력 앞에 변형되어도 수십 번은 더 변형되었고, 나아가 아예 사라졌을지도 모를 두 개의 작은 강줄기를 쫓는 것은 무의미한 일이라 여겨졌기 때문이다.

 나중에 다시 설명이 있겠으나 아담과 하와의 후손들은 기원전 5000년경 그곳에서 남으로 이동할 때까지 약 5000년 동안 우르미아 호수의 서쪽, 아르메니아 고원의 산록을 근거로 생활했는데, 그곳에서 발견된 이른바 케이우누 선사유적이 이를 뒷받침해준다. 그곳의 선사유적과 유물은 그 서쪽의 예리코 도시유적, 차탈휘유크

---

24) 프리드리히 델리치(1881년), A.헨리 세이스(1880년대), 랜던 웨스트(1901년), 윌리엄 윌콕스(1908년), E.에디슨 켈러웨이(1971년), 토르 헤위에르달(1977년), 마이클 샌더스(2001년) 등이 대표적.

도시유적, 그리고 괴베클리 테페 유적 등과 함께 통념상의 신석기 시대를 훨씬 상회하는 것으로서 그 상한선은 무려 1만 천 년 전까지 이른다.

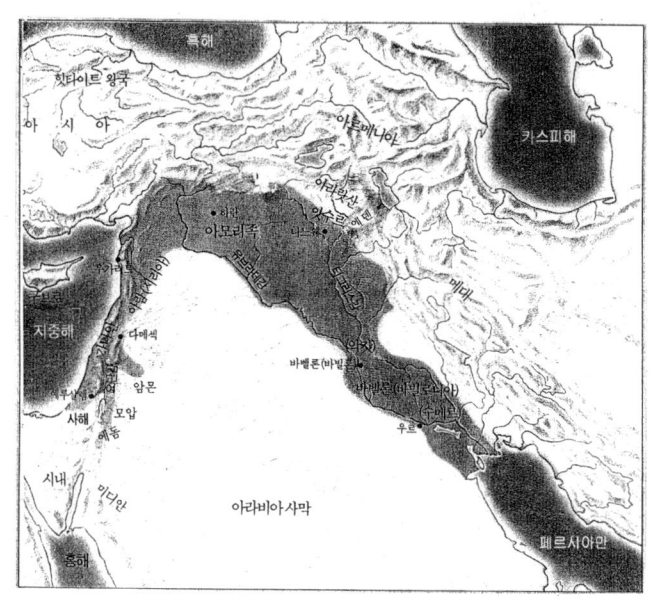

그림5

역시 다시 설명이 있겠지만, 아담의 후손들은 대홍수 이후 남쪽으로 이주해 본격적인 도시 국가를 만들게 되는 바, 바로 인류 최초의 문명이라는 수메르 문명의 태동이다.

아직 그 유허(遺墟)가 발견되지는 않았지만, 저들 외계인들의 에덴 기지는 꽤나 과학적이면서도 전원적이었던 걸로 보이니 창세기의 내용에서 그 행간을 읽을 수 있다.

여호와 하나님이 그 사람을 이끌어 에덴동산에 두사 그곳을 다스리며 지키게 하시고 여호와 하나님이 그 사람에게 명하여 가라사대, 동산 각종 나무의 실과는 네가 임의로 먹되 선과 악을 알게 하는 나무의 실과는 먹지 말라. 네가 먹는 날에는 정녕 죽으리라 하시니라.

여호와 하나님이 가라사대, 사람이 홀로 사는 것은 좋지 못하니 내가 그를 위하여 돕는 배필을 지으리라 하시니라. 여호와 하나님이 흙으로 각종 들짐승과 공중의 각종 새를 지으시고 아담이 어떻게 이름을 짓나 보시려고 그것들을 그에게 이끌어 이르시니 아담이 각 생물을 일컫는 바가 곧 이름이니라. 아담이 모든 육축과 공중의 새와 들의 모든 짐승에게 이름을 주니라.

그런데 아담을 돕는 배필이 없으므로 여호와 하나님이 아담을 깊이 잠들게 하시니 잠들매 그가 그 갈빗대 하나를 취하고 살로 대신 채우시고, 여호와 하나님이 아담에게서 취하신 그 갈빗대로 여자를 만드시고, 그를 아담에게로 이끌어 오시니 아담이 가로되, 이는 내 뼈 중의 뼈요 살 중의 살이라. 이것을 남자에게 취하였은즉 여자라 하리라. 이러므로 남자가 부모를 떠나 그 아내와 연합하여 둘이 한 몸을 이룰지로다. 아담과 그 아내 두 사람이 벌거벗었으나 부끄러워 아니하니라.

저들은 창세기 1장 때, 즉 간빙기 이전에 무턱대고 남녀 한 쌍을 만들 때와는 달리 이번에는 먼저 남자에 대한 시험이 있었다. 그리고 그것이 합격점에 이르자 남자를 마취시킨 후 인체조직의 일부를 떼어내 여자를 만들었다. 다시 말하자면 그 조직 세포의 성염색체를 변환, 육성시켜 성이 다른 또 하나의 인간, 즉 여자를 만든 것이었다. 그 여자 인간 역시 아담의 경우와 마찬가지로 여호와의 마지막 작업으로써 생령, 즉 생명 있는 존재가 되었을 것이다.

그런데 성서에는 인간의 탄생과 관련된 또 하나의 중요한 구절이 있다. 바로 시편 제8장에 나오는 '여호와가 지상의 사람을 만들 때 하늘의 사람들보다 조금 못하게 만들었다'는 내용으로, 히브리어 원문에서는 이 '하늘의 사람들'이 엘로힘이라고 분명히 표현되어 있다. 하지만 한글 개역성경 등에서는 '천사'라고 두루뭉술하게 쓰여 있어 문장의 중요성을 떨어뜨리는 바,[25] 여기서는 NIV(the HOLY BIBLE New International Version)의 구절을 인용하도록 하겠다.

For thou hast made him a little lower than the heavenly beings.

여호와가 사람을 창조할 때 하늘의 인간들보다 조금 못하게 만들었다는 것, 이는 지능을 포함한 모든 면에 있어 세러프나 체러브보다 못하게 만들었다는 뜻이다. 다시 말해 여호와와 그 집단은 여호와의 체세포로서 자신들과 닮은 인간을 만들었으되 창조된 인간이 자신들을 능가할 수 없도록 한 것이었다. 이는 저들이 단순히 복제 인간만을 만들어내는 것이 아니라 피조물의 지능까지도 제한할 수 있는 능력, 즉 피조물에 대한 무한 프로그래밍의 능력을 보여주는 것이라 할 수 있다. 피조물인 남자와 여자가 벌거벗었으되 부끄러움을 느끼지 않았던 것도 바로 그 같은 프로그래밍의 결과라 볼 수 있을 것이다.

그런데 이 대목에 있어서 '저들은 이와 같은 복잡하고 어려운 일을

---

25) '저를 천사보다 조금 못하게 하시고' (시편 8:5)

과연 어디에서 처리하였을까' 하는 의문을 아니 가질 수가 없다. 성서대로라면 여호와는 이와 같이 복잡한 일을 그저 에덴의 나무 밑이나 길바닥에서 처리했다는 것인데, 언뜻 생각해도 이는 정말로 말이 안 되는 일이 아닐 수 없다. 이렇게 보자면 저들이 이상의 일들을 어디에서 행하였을지는 쉽게 이해가 미칠 일이다. 즉 에덴의 숲속에는 그들의 운행 수단인 비행선이 여러 대 들어서 있었을 것인데, 이상의 일들이 행해진 장소는 필시 에덴의 중앙에 위치한 그들 비행선의 모선이었을 것이다.

아울러 그 모선의 한 방이 인간의 선과 악을 알게 하는 곳, 즉 인간을 만들고 두뇌를 프로그래밍하는 실험실이었을 터, 인간의 분별력을 키워주는 바로 그러한 곳에 인간의 출입을 제한시킨 것은 지극히 당연한 일이라 할 수 있다. 다시 말하자면, 앞에 나오는 선과 악을 알게 하는 나무는 곧 인간복제의 전 과정을 관장하는 아주 중요한 장소라 설명될 수 있을 것이다. 더불어 이는 여호와가 인간의 침입을 염려했던 또 다른 곳, 즉 영생의 방과 함께 에덴 내의 가장 중요한 시설이었으리라. 여호와는 인간에게 에덴에 있는 모든 비행선에의 출입을 허용하고 시설을 이용할 권한을 주었으나 이와 같은 결정적인 장소에는 출입을 제한했던 것인데, 결국은 뱀이라는 사악한 생물체의 꼬임에 빠져 이 금단의 장소에 틈입을 하게 되고 만다.

고도의 지능과
언어 능력을 지닌 뱀

여호와 하나님이 지으신 들짐승 중에 뱀이 가장 간교하더라. 뱀이 여자에게 물어 가로되, 하나님이 너희더러 동산 모든 나무의 실과를 먹지 말라 하시더냐. 여자가 뱀에게 말하되, 동산 나무의 실과를 우리가 먹을 수 있으나 동산 중앙에 있는 나무의 실과는 하나님의 말씀에 너희는 먹지도 말고 만지지도 말라 너희가 죽을까 하노라 하셨느니라.

뱀이 여자에게 이르되, 너희가 결코 죽지 아니하리라. 너희가 그것을 먹는 날에는 너희 눈이 밝아 하나님과 같이 되어 선악을 알줄을 하나님이 아심이니라. 여자가 그 나무를 본즉 좋아도 보이고 눈에도 들어오고 또 지혜롭게 만들어주기도 할 만큼도 보이는 탐스러운 나무인지라. 여자가 그 실과를 따먹고 자기와 함께한 남편에게도 주매 그도 먹은지라. 이에 그들의 눈이 밝아 자기들의 몸이 벗은 줄을 알고 무화과나무 잎을 엮어 치마를 하였더라.

창세기에 나타난 인간의 타락 과정은 이와 같으니, 동산의 뱀이 여자를 꾀었고 여자는 다시 남자의 유혹하여 금단의 열매를 따 먹음으로써 지혜와 함께 죄를 얻음이었다. 다시 말하자면 인간은 뱀의 유혹으로써 금지된-하지만 뭔가 내밀(內密)해 보이는 것이 한편으로는 무척이나 들어가고 싶은 마음이 이는-모선의 실험실에 들어섰고, 그곳에서 미완성의 인간과 짐승들을 보게 된 아담 부부는 엄청난 쇼크와 함께 자신들의 실체를 깨닫게 된 것이었다. 나타나 있지는 않지만 뱀이란 놈의 진솔한 설명도 곁들여졌을 것이다.

그런데 인간의 눈 밝아짐, 즉 지혜를 얻음은 차치하고 어떻게 창세기의 뱀은 말을 할 수가 있었으며 인간도 알지 못하는 일을 먼저 알고 있었을까? 실제로 하나님이 죽음을 경고한 금단의 행위를 했음에도 그들 인간은 죽지 않았고-한 마디로 하나님이 거짓말을 하였고-오히려 지혜를 얻게 되는데, 그와 반면 전지전능함이 강조되는 하나님은 피조물인 인간과 뱀의 작당 및 금단의 행위를 전혀 알지 못한 채 날이 서늘해져서야 어슬렁거리며 에덴에 나타난다.

그들이 날이 서늘할 때 동산을 거니시는 여호와 하나님의 음성을 듣고 아담과 그 아내가 여호와 하나님의 낯을 피하여 동산나무 사이에 숨은지라. 여호와 하나님이 아담을 부르시며 그에게 이르시되 네가 어디 있느냐. 가로되, 내가 동산에서 하나님의 소리를 듣고 내가 벗었으므로 두려워하여 숨었나이다. (하나님이) 가라사대, 누가 너의 벗었음을 네게 고하였느냐. 내가 너더러 먹지 말라 명한 그 나무 실과를 네가 먹었느냐. 아담이 가로되, 하나님이 주셔서 나와 함께하게 하신 여자 그가 그 나무 실과를 내게 주므로 내가 먹었나이다.

여호와 하나님이 여자에게 이르시되, 네가 어찌하여 이렇게 하였느냐. 여자가 가로되, 뱀이 나를 꾀므로 내가 먹었나이다. 여호와 하나님이 뱀에게 이르시되, 네가 이렇게 하였으니 네가 모든 육축과 들의 모든 짐승보다 더욱 저주를 받아 배로 다니고 종신토록 흙을 먹을지니라.

  뒤늦게 사건을 눈치챈 여호와는 아담과 여자에게 자초지종을 물었고 그에 따른 단죄를 하였다. 그리고 그 벌은 매우 무서웠으니 뱀을 배로 다니게 하여 죽을 때까지 흙바닥을 기게 만들었다.
  뱀을 배로 다니게 만들었다는 것, 이것은 뱀의 팔다리가 잘렸음을 의미한다. 즉 전에는 네 다리, 혹은 사지가 달린 존재라는 것이었다. 그렇다면 창세기에 나오는 뱀은 현재의 뱀의 형태보다는 도마뱀의 형태에 가까웠을 터, 아마도 사막도마뱀처럼 두 다리로서의 직립보행이 가능했을 것이다. 거기에 높은 지능과 언어 능력을 지녔으며, 인간보다도 훨씬 많은 것을 알고 있는 존재… 이렇게 볼 때 창세기의 뱀은 그 외형만이 인간과 다를 뿐 거의 인간과 다름없는, 아니 오히려 인간을 뛰어넘는 존재였음을 알 수 있다. 그렇다면 창세기의 뱀은 언뜻 경호나 전투의 용도로 만들어진 고성능의 사이보그가 아닐까 여겨지기도 하지만, 그러나 아래에 인용된 성서의 내용을 종합해보면 그것들은 사이보그가 아닌 기존의 파충류에 근간한 생체공학 동물 무기임을 짐작할 수 있다.
  이것이 가능한 일인가에 대한 이해는 다른 무엇보다 2015년 영화 '쥬라기 월드'의 개봉에 즈음해 실린 신문 기사 내용에의 이식이 첩경으로 여겨지는 바, 기사의 원문 그대로를 옮겨보기로 하겠다.[26]

---

26) 동아일보. 2015. 6. 17

영화 '쥬라기 월드'가 한미 양국에서 동시에 흥행기록을 이어가는 가운데 동물을 군사적 목적으로 활용하려는 연구가 이미 상당 부분 진척을 보이고 있다는 지적이 나온다.

미국 외교전문지 포린폴리시는 15일 "생체공학 동물 무기를 보기 위해 꼭 '쥬라기 월드'를 봐야 하는 것은 아니다"라는 제목의 기사에서 군사적 목적으로 지금까지 진행된 동물 연구의 실태를 다뤘다. 영화의 포악한 육식공룡인 '인도미누스 렉스'가 군사적 목적으로 개발됐음을 암시하는 장면이 나오는데 이런 연구가 미국 국방부를 중심으로 실제로 진행되고 있다는 것이다.

이 매체는 "영화에서 과학자들이 '인도미누스 렉스'에 카멜레온 유전자를 심어 위장술을 쓰게 한 것처럼 한국 과학자들은 10여 년 전에 해파리 유전자를 고양이 피부세포에 넣어 형광 고양이를 만들어낸 적이 있다"고 밝혔다. 그러면서 "영화에 나오는 공룡의 크기 등에서 과학적 오류가 지적되기는 하지만 동물을 군사적으로 이용하기 위해 생명공학을 이용하는 내용은 매우 현실적"이라고 지적했다.

포린폴리시는 2013년 '프랑켄슈타인의 고양이'라는 책을 쓴 프리랜서 과학 전문기자 에밀리 엔디스 씨의 연구를 소개하며 특히 곤충을 이용한 감시 장비 개발이 이미 상당한 수준에 올라섰다고 전했다. 앤디스 기자는 2006년 미 국방성 산하 국방고등연구계획국(DARPA)이 과학자들에게 감시 장비나 무기를 실을 수 있는 곤충 사이보그를 만드는 기술을 개발해 달라고 요청한 사실을 처음으로 보도한 인물이다.

앤디스 기자는 이 책에서 "DARPA는 초소형 비행체를 아무리 잘 만들어도 자연 상태의 곤충을 따라잡을 수 없다고 판단하고 실제 곤충을 활용하기로 마음먹었다"며 "최근 10년간 곤충의 뇌에 전기자극을 줘 멈춤, 출발, 선회 등의 명령을 내리고 작업을 미세 조정할 수 있는 상태까지 기술을 발전시켰다"고 주장했다.

그는 또 "미래 세대는 어릴 적에 컴퓨터가 아니라 생명체를 고치고 놀면서 자라게 될 것"이라며 "전통적인 실험실이 아니라 차고나 다락방, 실험 동호회 등에서 취미로 유전자, 뇌, 신체를 갖고 실험하는 '바이오 해커' 집단도 점차 자라나고 있다"고 밝히기도 했다.

포린폴리시는 "쥬라기 월드가 창조한 공룡은 실제 모습과 전혀 다를지 모르지만 생명공학이 발전하는 방향만큼은 제대로 보여주고 있다"며 "생명공학 기술이 급속도로 발전함에 따라 이미 우리는 동물의 군사적 활용이 불가피한 시대에 살고 있다"고 강조했다.

이상으로 볼 때 창세기의 뱀은 얼마든지 생산 가능한 생체공학 동물 무기였고, 그 무리가 과학의 발달과 외계인의 필요에 따른 업그레이드로 어느덧 그 지능이 외계인의 수준에까지 이른 듯 보이며, 더불어 상당한 위치도 주어진 것으로 보인다.[27] 그러한 뱀 무리 중의 하나가 선두에 서서 인간을 자신들의 편으로 끌어들이려는 모략을 펼친 것이 위 창세기 3장의 내용에 자세히 실려 있는 것이다.

요약하자면, 뱀의 무리는 앞으로 이 지구의 주인이 될 인간을 꾀어 향후의 지구를 제 것으로 만들려는 시도를 하였으나 여호와가 생

---

27) JOB 40:19. He ranks first among the works of God, yet his Maker can approach him with his sword.(욥기 40:19. 그는 신의 창조물 가운데 으뜸이라 그를 만든 조물주께서 칼을 주어 다가갈 수 있게 하였다)
GENESIS 1;21. So God created the great creatures of the sea and every living and moving thing with which the water. (창세기 1:21. 신이 바다의 큰 생물과 물에서 서식하고 활동하는 것들을 각각 창조하였다)

각보다 일찍 에덴으로 돌아오는 바람에 모든 의도가 무산돼 버리고 만 것이었다. 그럼에도 뱀의 무리는 계속 외계인에 대한 저항을 굽히지 않았으니, 이후 본래 자신들의 세력권인 바다로 도망쳐 아래와 같이 간단없는 반란을 도모하였다. 스스로에게 주어진 강력한 힘을 믿은 것이었다. 그리고 그들 무리는 꽤 오랫동안 여호와의 골칫거리였던 듯, 욥기(記)[28]의 근심 어린 대화 속에 등장한다.

> **여호와께서 또 욥에게 말씀하여 가라사대…**
> 이제 네가 소 같이 풀을 먹는 수중 괴물을 볼지어다. 내가 너를 지은 것과 같이 그것도 지었느니라.
> 그 힘은 허리에 있고, 파워는 복근에서 나오며, 그가 꼬리를 흔들면 흡사 삼나무가 흔들리는 것 같고, 그의 대퇴부 근육은 힘줄로 치밀하며, 뼈는 동관(銅管)과 같고, 그의 팔다리는 쇠와 같으니, 그는 하나님의 창조물 중에 으뜸이라.[29] (욥기 40:15-19)

> 네가 능히 낚시로 리워야단(Leviathan)[30]을 끌어낼 수 있겠으며, 끈으로 그 혀를 맬 수 있겠느냐? 밧줄로 그 코를 꿸 수 있겠으며, 갈고리로 그 아가리를 걸 수 있겠느냐?

---

28) 시대와 저자 미상(未詳)인 구약 성서의 대표 시극(詩劇).
29) 여기서의 하나님은 창세기 1장의 신을 말하는 듯, 여호와가 아닌 신(God)으로 표기되어 있다.
30) 욥기, 시편, 이사야서(書) 등에 나오는 악어 혹은 리워야단은 원전인 히브리 성서에서는 모두 같은 단어인 리워야단(לִוְיָתָן)으로 표기돼 있어 동일 생물체임을 알 수 있다. 또한 창세기 1장 21절에 나오는 '바다의 큰 생물', 욥기 7장 12절의 '심연의 바다 괴물' 역시 내용상으로는 리워야단과 연결된다.

내가 리워야단의 팔다리와 강한 힘과 다부진 체구에 대해서는 말을 아끼지 아니하리니, 견고한 비늘은 그의 자랑이라 서로 치밀히 붙어 있어 마치 봉한 것 같고, 등가죽이 한 데 붙었으니 바람도 그 사이를 뚫지 못하겠고, 서로 이어져 붙었으니 능히 나눌 수도 없구나…. 그가 떨쳐 일어서면 용사라도 두려워하여 공격하기도 전에 퇴각해버리니, 칼로 칠지라도 쓸데없고 쏘는 화살과 던지는 창[31]도 소용이 없구나. 그가 철을 지푸라기 같이, 동을 썩은 나무 같이 여기니, 땅 위에 그 자와 같은 것이 또 없으니 처음부터 두려움이 없는 존재로 만들어졌기 때문이니라. 그는 모든 것을 낮게 보고 오만하니 모든 교만한 자들의 왕이 되었느니라.(욥기 41)

하지만 이처럼 막강한 뱀의 군단도 심연까지 침투한 여호와의 공격에 제압당하고 마니, 결국은 그 우두머리 리워야단이 척살되며 진압되는 과정이 성서의 각 권에 잔상으로 남아 있다.

너희 용들과 바다여. 땅에서 여호와를 찬양하라.(시편 148:7)

그날에 여호와께서 그 견고하고 크고 강한 칼로 날랜 뱀 리워야단, 곧 꼬불꼬불한 뱀 리워야단을 벌하시며 바다에 있는 용을 죽이시리라.(이사야 27:1)

주께서 주의 능력으로 바다를 나누시고 물 가운데서 용들의 머리를

---

31) 영문본에서 '던지는 창'은 javelin으로 돼 있는데, 이는 '(폭격기 따위가) 종렬(縱列)로 비행하며 폭탄을 투하하는 공격'으로도 해석되어 흥미롭다.

깨뜨리셨으며, 리워야단의 머리를 파쇄하시고 그것을 사막에 사는 생물들의 먹이로 주셨도다.(시편 74:13-14)

창조된 인간의 에덴 퇴출과
전능한 여호와의 만시지탄(晩時之歎)

뱀을 단죄한 후 여호와가 행한 인간에의 처벌은 다시 이러하였다.

여호와께서 또 여자에게 이르시되, 내가 네게 잉태하는 고통을 크게 더하리니 네가 수고하고 자식을 낳을 것이며 너는 남편을 사모하고 남편은 너를 다스릴 것이니라 하시고

아담에게 이르시되, 네가 네 아내의 말을 듣고 내가 너더러 먹지 말라 한 나무 실과를 먹었은즉 땅은 너로 인하여 저주를 받고 너는 종신토록 수고를 하여야 그 소산을 먹으리라. 땅이 네게 가시덤불과 엉겅퀴를 낼 것이라 너의 먹을 것은 밭의 채소인즉 네가 얼굴에 땀이 흘러야 식물을 먹고 필경은 흙으로 돌아가리니 그 속에서 네가 취함을 입었음이라. 너는 흙이니 흙으로 돌아갈 것이니라 하시니라.

아담이 그 아내를 하와라 이름하였으니 그는 모든 산 자의 어미가 됨이더라. 여호와 하나님이 아담과 그 아내를 위하여 가죽옷을 지어 입히시니라.

결국, 두 사람의 창조된 인간은 이 땅의 진화된 인간과 다름없는 운명, 즉 고생스레 일해야만 밥을 먹을 수 있고, 또 유한한 생명을 지니는 존재가 되어버렸다. 앞서 언급한대로 이때가 약 1만 년 전, 이 땅에 크로마뇽인과 같은 현생인류가 번성할 무렵이니 당시 여호와로부터 얻어 입은 짐승가죽옷의 꼴 하며 그 생활방식이 그야말로 이 땅 원시인의 그것과 하등 진배없다 할 것이었다. 아무튼, 여호와의 심판은 이렇게 끝이 난 듯싶었다.

　그런데 문제는 그것으로서 끝난 게 아니었으니 그들을 단죄한 후 여호와의 새로운 고민이 시작되었다. 앞서도 언급된 바 있는 바로 그 고민이었다.

> 여호와 하나님이 말씀하시길, 보라. 사람이 선악을 아는 일이 우리 중의 하나 같이 되었으니 그가 손을 들어 생명나무 실과도 따먹고 영생을 할까 하노라 하시고
> 여호와 하나님이 에덴동산에서 그 사람들을 내어 보내어 그의 근본된 토지를 갈게 하시니라.
> 이 같이 하나님이 그 사람을 쫓아내시고 에덴동산 동편에 그룹(체러브)들과 두루 도는 화염검을 두어 생명나무 길을 지키게 하시니라.

　이미 여러 번 강조했거니와 이 대목에 있어서 여호와는 전혀 신답지 아니하다. 여호와는 개화된 인간이 생명나무 실과까지 따먹는 일, 즉 영생의 방 까지 침범하여 외계인 자신들처럼 영생의 방법을 터득하지 않을까 심히 우려하고 있음이었다. 말하자면, 소위 전지

전능하다는 하나님이 겨우 두 명 인간의 속내를 알지 못해 전전긍긍하고 있음이니 마침내는 그 두 사람을 에덴으로부터 내쫓고 말게 되는 것이었다. 뿐만 아니라 하나님은 그 두 사람을 내쫓은 후에도 그들이 쫓겨 간 동쪽을 적극적으로 방어해 마지않았으니 에덴의 동편에 사병(士兵)급의 체러빔을 보내 주둔시킴은 물론 화염검(flaming sword)을 둘러 모선으로 통하는 길을 방비케 하였다.

즉 하나님은 인간이 침입할지 어쩔지를 전혀 예상치 못하고 있을 뿐 아니라 이를 두려워하여 체러빔으로 하여금 지키게 하고 거기에 다시 화염검, 즉 불꽃이 튀는 전기 울타리를 둘러 인간의 근접을 차단했음이었다. 저들에게 있어서 영생의 방은 그만큼 중요한 장소라 할 수 있었는데, 이에 대한 방비는 소 잃고 외양간 고치는 식에 지나지 않았음이니 이 또한 우리의 통념과는 크게 벗어나 있는 신의 모습이라 할 것이었다.

형제를 살해한 카인과 그를 비호한 하나님, 그리고 카인이 만나기를 두려워 한 사람들

아담이 그 아내 하와와 동침하매 하와가 잉태하여 가인을 낳고, 그가 또 가인의 아우 아벨을 낳았는데, 아벨은 양 치는 자였고 가인은 농사짓는 자였더라.

세월이 지난 후에 가인은 땅의 소산으로 제물을 삼아 여호와께 드렸고 아벨은 자기도 양의 첫 새끼와 그 기름을 드렸더니 여호와께서 아벨과 그 제물은 열납하셨으나 가인과 그 제물은 열납하지 아니하신지라. 가인이 심히 분하여 안색이 변하니 여호와께서 가인에게 이르시되, 네가 분해함은 어쩜이며 안색이 변함은 어쩜이냐. 네가 선을 행하면 어찌 낯을 들지 못하겠느냐. 죄의 원인은 네게 있음이니 너는 죄를 다스릴지니라.

그후 그들이 들에 있을 때 가인이 그 아우 아벨을 쳐 죽이니라.

여호와께서 가인에게 이르시되 네 아우 아벨이 어디 있느냐. 그가 가로되, 내가 알지 못하나이다. 내가 아우를 지키는 자더이까.

정리를 하자면, 아담과 하와는 에덴에서 추방된 이후 자식을 낳았으니 곧 카인과 아벨이었다. 그리고 이들이 장성한 어느 날, 카인은 들판에서 동생 아벨을 쳐 죽이는 만행을 저지른다. 직접적인 원인은 자신의 제물이 열납되지 못한 분심(忿心)의 폭발쯤으로 보이나, 여호와의 지적에 따르자면 평소부터 행동에 문제가 많던 카인이었던 같다. 그의 문제성은 동생의 소재를 묻는 신의 물음에 끝까지 모르쇠를 잡던 뻔뻔함으로도 알 수 있는데, 하지만 이 철면피 살인자에 대한 꾸짖음은 준엄했어도 처벌만큼은 그저 지역에서의 추방에 지나지 않았다.

(여호와께서) 가라사대, 네가 무엇을 하였느냐. 네 아우의 핏소리가 땅에서부터 내게 호소하였느니라. 땅이 그 입을 벌려 네 손에서부터 네 아우의 피를 받았은즉 네가 땅으로부터 저주를 받으리니 네가 밭을 갈아도 땅이 다시는 그 효력을 네게 주지 아니할 것이요 너는 이 땅을 피하여 떠도는 자가 되리라.

그러나 카인은 그나마도 불복해 항의하였으니

가인이 여호와께 고하되, 내 벌이 너무 무거워 견딜 수 없나이다. 주께서 오늘 이 지면에서 나를 쫓아내시온즉 내가 주의 낯을 뵈옵지 못하리니 내가 이 땅을 피하여 떠도는 자가 되면 무릇 나를 만나는 자는 나를 죽이게 될 것이옵니다.

라고 함에 여호와 또한 그 항변을 받아들이었다.

여호와께서 그에게 이르시되, 그렇지 않다. 가인을 죽이는 자는 벌을 칠 배나 받으리라 하시고 가인에게 표(標)를 주사 만나는 누구에게든지 죽임을 면케 하시니라.

무슨 까닭에서인지는 모르겠으나 이 대목에서 여호와는 제 혈육을 죽인 카인을 적극 비호하고 나섰으니 그에게 어떤 표식을 주어 죽음으로부터 지켜주었다. 여기서 그 표식이 무엇인지는 더 이상의 설명이 없어 알 길이 없으나 카인의 죄에 대한 응징을 하지 않았음은 분명하다. 아니 오히려 그를 상해하는 자에 대한 가혹한 응징을 약속하고 있다.

인간이 흔한 현대 사회에서도 살인은 중죄이며 그에 대한 처벌 또한 무겁다. 더욱이 카인은 제 가족을 죽인 것이며 그 동기에 있어서는 정상참작의 여지도 보이지 않는다. 나아가 그는 자신의 행동에 대한 일말의 후회도 뉘우침도 보이지 않을뿐더러 용서를 빌지도 않는다. 그런데도 여호와는 별다른 신문 없이 그저 추방이라는 처벌로서 사건을 마무리했을 뿐 아니라 오히려 그를 타살(他殺)로부터 보호해주려고까지 하고 있는 것이다.

왜 그랬을까? 왜 여호와는 그와 같은 극악한 살인자를 끝까지 지켜주려 했던 것일까? 성서는 여호와의 이와 같은 부조리에 대해 더 이상의 설명이 없지만, 그 이유는 사실 매우 간단하다. 바로 자신이 만든 창조된 인간의 유일한 자손이기 때문이다. 이미 아벨은 죽었고 아담 부부는 아직 셋(Set)이라는 또 다른 자식을 낳기 전이었다. 카인이 여호와의 추방령에 고마워 않고 되레 불복해 항의할 수 있었던 것도 그와 같은 배경이 있기에 가능했을는지도 모른다. 이 세상에서 진화된 인간의 자손은 많으나 창조된 인간의 자손은 오직 내가 유일한데 당신의 혈족인 나를 스스로 어찌할 수 있겠냐 하는… 이에 대한 증명이 그들의 대화 곳곳에 배어 있으니 되풀이하면 다음과 같다.

주께서 오늘 이 지면에서 나를 쫓아내시온즉 내가 주의 낯을 뵈옵지 못하리니 내가 이 땅을 피하여 떠도는 자가 되면 무릇 나를 만나는 자는 나를 죽이게 될 것이옵니다.

카인의 말인즉, 여호와 당신이 나를 이 지역에서 쫓아내면 당신의 혈족을 보호할 수 없게 된다. 나를 떠돌이로 만들면 필시 이 땅의 다른 종족들에게 살해되고 말 것이니 나에 대한 추방령을 거두던지 아니면 다른 방도를 세워달라는 요구였던 것이고,

그렇지 않다. 가인을 죽이는 자는 벌을 칠 배나 받으리라 하시고 가인에게 표를 주사 만나는 누구에게든지 죽임을 면케 하시니라.

하는 여호와의 답인즉, '그건 걱정 말라. 우리가 만든 인간의 자손인 너를 어찌 저 미개한 이 땅의 인간들에게 죽게 만들 수 있겠느냐. 너를 죽이는 자는 일곱 배에 이를 정도로 가혹히 응징할 것이다'라

는 뜻이었다. 그리고 그에 대한 대비책으로서 어떤 표식을 내려주었다는 것이다.

 그런데 그 표식은 과연 무엇일까? 지금껏 그 표식은 흔히 문신으로 이해되어 왔다. 하나님이 카인의 몸에 어떤 표시를 해줌으로써 그가 다른 사람들로부터 보호되었다는 것이다. 하지만 그런 것이 과연 통했을는지는 의문이 아닐 수 없다. 이 땅의 다른 사람들이 카인의 몸에 무슨 문신이 있다고 해서 그를 구속하지 않고 살해하지 않았을까? 그런 무기력한 표식보다는 차라리 하나님이 그에게 총과 같은 강력한 무기를 주지 않았을까 하는 것이 곧 필자의 생각이다. 카인이 타인으로부터의 죽임을 면케 해줌은 물론, 그가 여호와의 앞을 떠나 에덴의 동편인 놋 땅에 거하며 에녹이라는 도시국가를 건설할 때에 필시 많은 도움이 되었을 법한.

 하지만 이 장에서 주목해야 될 점은 그보다는 '카인이 만나기를 두려워했던 대화 속의 사람'이 될 것이다. 흔히 간과하는 부분이었으나 그들의 대화, 즉 하나님과 카인의 대화 속에서는 분명 또 다른 사람이 등장한다. 또한, 다른 사람인 그들은 쉽게 마주칠 수 있을 정도로 그 수가 많아 보인다.

 그렇다면 그들은 과연 누구일까? 성서의 앞 내용대로라면 당시의 사람들이란 아담과 하와, 그리고 그들로부터 태어난 카인과 아벨뿐이었다. 그러나 본문대로 아벨은 카인에 살해당했던 바, 이제 이 땅의 인간은 아담 부부와 카인 3인인데 난데없이 다른 사람이라니…?

 사실 이에 대한 교계의 구구한 변명이 없었던 것은 아니다. 예를 들자면, 당시 아담과 하와는 아주 오래 살았으므로 그들로부터 출생한 다른 사람들이 있었을 것이라는 설명이 그것이다. 그리고 그 대답은 얼핏 그럴듯하다. 성서의 아담은 무려 930세를 향수하다 생을 마감한 걸로 되어있으니 말이다. 하지만 살펴보면 이 또한 변명이 되지 않는 얘기이니, 창세기의 내용에는 아담이 카인과 아벨 다음으로 자식을 본 것은 그의 나이 130세 때이고,[32] 그 아이가 아벨 후의 첫애임을 분명히 명시하고 있기 때문이다.[33] 즉 아담 부부가 아무리 다산을 했다 해도 당시에는 카인을 위협할 만한 다른 사람이 존재할 수 없었다는 얘기다. 더욱이 그다음 장에는 카인이 여호와의 앞을 떠나 에덴의 동쪽으로 가서 아내를 얻고 도시까지 만들었다고 되어있는 바, 아담과 하와와 카인 이외에도 많은 인간들이 존재했음을 알 수 있다. 기실 이와 같은 내용은 앞서 언급한대로 카인과 여호와의 대화에서도 그 행간을 충분히 읽을 수 있으니, '내 벌이 너무 무거워 견딜 수 없나이다'라는 카인의 항변인즉슨 자신들의 보호자인 여호와, 즉 외계인의 영향력이 미치는 영역을 벗어나게 되면 타인으로부터 스스로의 안전을 보장받을 수 없게 되니 이는 사형과도 다름없는 중한 처벌이라는 제법 설득력 있는 말이 된다. 그리하여 '가인에게 표를 주사 만나는 누구에게든지 죽임을 면케' 되는 바, 당대에는 '누구'라고 따로 칭할 수 없을 정도로 수많은 인간이 존재했었다는 방증이리라.

말한 대로 우리는 그동안 이 문제를 쉽게 지나쳤다. 아니 어쩌면 일부러 모른 체했을는지도 모르겠다. 따지면 복잡해지므로. 아니,

---

32) 창세기 5:3
33) 창세기 4:25

따져도 답이 안 나오는 문제이므로…

 하지만 이제 그 답을 분명히 하자. 카인이 만나기를 두려워했던 사람은 바로 이 땅에서 진화돼 살던 당대의 사람들, 즉 현생인류인 크로마뇽인, 샹슬라드인, 프세드모스트인, 그리말디인 등의 후손일 것임에 분명하다. 앞서 말한 대로 이때가 지금으로부터 1만 년 전후, 짐승의 가죽으로 몸을 가리고, 농경과 목축이 시작된 성서의 시대적 배경과도 매우 일치한다. 그러나 카인과 그의 후손들은 창조된 인간의 후예답게 이 땅에서 진화된 인류들에 비해 보다 진화됨이 있었으니, 곧 도시를 이루고 그곳의 왕 노릇을 하며 산업과 문화를 진작시켰던 바, 그것이 아래의 창세기 5장 16장부터 24장까지의 내용이다.

카인의 도시의
번영과 쇠락

가인이 여호와의 앞을 떠나 나가 에덴의 동편 놋 땅에 거하였더니 아내와 동침하니 그가 잉태하여 에녹을 낳은지라. 카인이 성을 쌓고 그 아들의 이름으로 성을 이름하여 에녹이라 하였더라.

에녹이 이랏을 낳았고 이랏은 므후야엘을 낳았고 므후야엘은 므드사엘을 낳았고 므드사엘은 라멕을 낳았더라.

라멕이 두 아내를 취하였으니 하나의 이름은 아다요 하나의 이름은 씰라며 아다는 야발을 낳았으니 그는 장막에 거하며 육축을 치는 자의 조상이 되었고 그 아우의 이름은 유발이니 그는 수금과 통소를 잡는 자의 조상이 되었으며 씰라는 두발가인을 낳았으니 그는 동철(銅鐵)로 각양 날카로운 기계를 만드는 자요 두발가인의 누이는 나아마이었더라.

라멕이 아내들에게 이르되, 아다와 씰라여 내 소리를 들으라. 라멕의 아내들이여 내 말을 들으라. 나의 창상을 인하여 내가 사람을 죽였고 나의 상함을 인하여 소년을 죽였도다. 가인을 위해서는 벌이 칠 배일 진대 라멕을 위해서는 벌이 칠십 칠 배이리로다 하였더라.

위 창세기 5장 16장부터 24장까지의 내용은 여호와의 보호구역에서 쫓겨난 카인이 에덴의 동편인 놋이란 곳으로 가서 에녹이라는 자신의 나라를 세운 것과, 그의 자손들이 그곳에서 왕 노릇을 하며 6대를 이어온 것에 대한 설명이다.

한글 성서에는 카인이 놋 땅으로 가서 결혼하고 성을 쌓았다고 돼 있으나 원전은 성채(城砦)국가를 뜻하고 있다. 아울러 과거의 국가들은 대부분 이러한 성채를 근거지로 하였던 바, 그가 작은 도시국가를 이루었다고 봄이 옳을 것이다. 그리고 그의 6대손이 동(銅)으로 각종 날카로운 도구를 만들었던 것을 보면 당대의 인류보다 훨씬 일찍 청동기 시대에 진입했던 걸로 보이며, 기존의 방목(放牧)에서 벗어난 울타리 안에서의 본격적인 목축 또한 행하여졌음을 알 수 있다. 이는 당대의 인류 문명에 비해 획기적이라 할 수 있는 바, 이들의 에녹시(市)는 매우 발전된 산업문명을 영위했음을 짐작할 수 있겠다. 그리고 그에 걸맞은 문화도 생성되었으니 당대에 이미 현악기와 관악기 등을 갖추고 음악생활 또한 더불어 즐겼음을 미루어 짐작할 수 있겠다.

하지만 카인의 5대손인 라멕에 이르러서는 국정이 매우 문란해졌으니 그가 마음대로 사람을 죽이고 제멋대로 재단하는 전횡을 저질렀다고 돼 있는 바, 그러한 배경에는 자신이 창조된 인간의 후손임을 뻐기며 이를 백그라운드처럼 여기는 그릇된 사고가 자리 잡고 있는 걸로 보인다. 그리고 성서에 실린 라멕의 발언을 유추해보자면 그때까지도 창조된 인간의 후손에 대한 여호와의 비호가 지속된 것으로 보인다. 그러나 에녹 왕국은 그 6대 왕 라멕이 여호와의 비호를 남용하는 횡포를 저질러 결국은 망한 듯하니 그 이후의 내용이 더 이상 실려 있지 않음에서 전말을 짐작할 수 있겠다.

 그렇다면 이들의 도시국가 에녹은 과연 실재했을까? 그리고 실재했다면 과연 어디에 있었을까?

 성서의 내용으로서 에녹시를 추정할 수 있는 근거는 그곳이 에덴의 동쪽이며, 도시국가이며, 방목에서 벗어난 목축이 행하여졌으며, 일찍이 청동기를 사용하였고, 그에 걸맞은 문화생활을 누렸다는 것 등이다. 그렇게 볼 때 에녹은 에덴의 경우와 같이 구체적 지명을 동반하지 않았음에도 에덴보다도 오히려 많은 흔적을 남겼다 할 수 있겠다.

 필자는 이미 터키 동남부 아르메니아 고원의 산록 일대를 에덴이라 비정한 바 있다. 그런데 그곳의 동쪽에 아르메니아 공화국이 있다.

 아르메니아는 구소련에 속해 있다가 1991년 독립한 소국(국토면적은 남한의 1/3)인 바, 언뜻 신생국처럼 여겨질지 모르겠으나 사실은 실로 유서 깊은 땅에 자리한 장구한 역사의 나라이다. 그리고 그러한 만큼 인류사에 남긴 커다란 족적들을 발견할 수 있는데, 그중에서도 가장 특기할만한 것은 인류 최초로 밀이 재배된 곳이라는 점이다. 고대 아르메니아인들은 이미 1만 년 전에 수렵과 채집에서 벗어나 목축과 경작생활을 했던 것으로 알려져 있는데, 이를 증명하는 유적이 쉬레크 지방 아라랏스키 계곡에서 신석기 시대의 도시유적과 함께 발견된 바 있다. 또한, 아르메니아는 인류의 야금술이 시작된 곳으로도 알려져 있는데, 수도 예레반에 인접한 생가비

트 지역에서는 기원전 5~3천 년으로 추정되는 초기 청동기 시대의 유물이 동시대의 거대한 요새, 제단, 주거지 등과 함께 발견되기도 하였다. 기원전 3000년경에 시작된 에게 해(海)의 청동문명을 무려 2천 년이나 상회하는 연도이다. 사족을 붙이자면, 신비스럽게도 이곳에는 현지 사람들이 마시스 산이라 부르는 아라랏 산이 그야말로 영산(靈山)으로 자리하고 있다. 노아의 방주가 안착했다는 바로 그 산이다. 더불어 아르메니아의 여러 지역에서 발견된 기원전 2천 년 경의 철기 또한 힛타이트 제국의 그것을 앞지르는 것으로 밝혀진 바, '최초의 철기 사용 민족은 지금껏 알려진 힛타이트가 아닌 아르메니아의 고대 부족'이라는 학계의 공식적인 인정을 이끌어내기도 하였다. 덧붙이고 싶은 것은 이러한 선진 문명과 함께 하였을 그들의 문화생활로서, 이를 증명할만한 유물이 지난 2010년에 출현하였다. 미국 UCLA 대학과 아일랜드 대학의 공동발굴팀이 아르메니아의 한 동굴에서 고대의 와인 생산설비와 함께 온전한 형태의 가죽 신발을 발견한 것이었다. 그 온전함과 현대식 모양새에 발굴팀마저 오래돼야 수백 년 정도일 것이라 착각하였을 정도였는데, 이것이 5500년 전의 유물이라는 것이 밝혀진 후, 이를 보도한 뉴욕타임즈로부터는 '선사시대의 프라다(Prehistoric Prada)'라는 극찬을 받기도 한 신발이었다.

　이상 열거한 지역 중에서 필자가 카인의 도시 에녹으로 지목하고 싶은 곳은 단연 쉬레크 지방이다. 이곳에서 시작된 신문명이 아르메니아 전역으로 파생되었고, 다시 남으로 퍼져 수메르 문명 등에 영향을 미쳤다고 보는 것이다.

아담의 후예와 외계인의 비행선을
타고 떠난 어떤 사람

카인의 도시와 그 후예들이 6대까지 설명된 후 성서는 다시 아담의 계보로 이어진다.

아담이 다시 아내와 동침하매 그가 아들을 낳아 그 이름을 셋이라 하였으니 이는 하나님이 내게 가인이 죽인 아벨 대신에 다른 씨를 주셨다 함이며 셋도 아들을 낳고 그 이름을 에노스라 하였으며 그때에 사람들이 비로소 여호와의 이름을 불렀더라.

여기서 사람들이 여호와의 이름을 부른 일에 대해서도 교계에서는 거창한 의미를 부여하곤 한다. 하지만 문맥대로라면 아담의 후손이 3대에 이르러 제법 일족들이 많아졌을 때 비로소 여호와를 자신들의 조상신으로 받들게 되었다는 의미 외에는 별다른 뜻이 없을 듯하다.

성서는 다음 5장에 이르러 아담이 하나님의 형상대로 지어졌음을 부언하고 아담과 하와의 인류 대표성을 강조한다.

아담 자손의 계보가 이러하니라. 하나님이 사람을 창조하실 때에 하나님의 형상대로 지으시되 남자와 여자를 창조하셨고 그들이 창조되던 날에 하나님이 그들에게 복을 주시고 그들의 이름을 사람이라 일컬으셨더라.

그리고 다시 아담의 계보가 이어진다.

아담이 일백삼십 세에 자기 모양 곧 자기 형상과 같은 아들을 낳아 이름을 셋이라 하였고 아담이 셋을 낳은 후 팔백 년을 지내며 자녀를 낳았으며 그가 구백삼십 세를 향수하고 죽었더라.
셋은 일백오 세에 에노스를 낳았고 에노스를 낳은 후 팔백칠 년을 지내며 자녀를 낳았으며 그가 구백십이 세를 향수하고 죽었더라.
에노스는 구십 세에 게난을 낳았고 게난을 낳은 후 팔백십오 년을 지내며 자녀를 낳았으며 그가 구백오 세를 향수하고 죽었더라.
게난은 칠십 세에 마할랄렐을 낳았고 마할랄렐을 낳은 후 팔백사십 년을 지내며 자녀를 낳았으며 그가 구백십 세를 향수하고 죽었더라.
마할랄렐은 육십오 세에 야렛을 낳았고 야렛을 낳은 후 팔백삼십 년을 지내며 자녀를 낳았으며 그가 팔백구십오 세를 향수하고 죽었더라.
야렛은 일백육십이 세에 에녹을 낳았고 에녹을 낳은 후 팔백 년을 지내며 자녀를 낳았으며 그가 구백육십이 세를 향수하고 죽었더라.

에녹은 육십오 세에 므두셀라를 낳았고 므두셀라를 낳은 후 삼백 년을 하나님과 동행하며 자식을 낳았으며 그가 삼백육십오 세를 향수하였더라. 에녹이 하나님과 동행하더니 하나님이 그를 데려가시므로 세상에 있지 아니하였더라.

아담의 계보는 이후, 지구상의 전무후무한 장수인(長壽人)인 므두셀라를 거쳐 라멕과 노아에까지 이어지고, 드디어 이 땅을 저주한 여호와의 징벌이 시작되니 저 유명한 대홍수가 그것이다. 그리고 그것에 대한 암시가 그에 앞서 등장한다.

므두셀라는 일백팔십칠 세에 라멕을 낳았고 라멕을 낳은 후 칠백팔십이 년을 지내며 자녀를 낳았으며 그가 구백육십구 세를 향수하고 죽었더라.
라멕은 일백팔십이 세에 아들을 낳고 이름을 노아라 하여 가로되, 여호와께서 이 땅을 저주하시므로 수고로이 일하는 우리를 이 아들이 안위(安慰)하리라 하였더라.
라멕이 노아를 낳은 후 오백구십오 년을 지내며 자녀를 낳았으며 그는 칠백칠십칠 세를 향수하고 죽었더라. 노아가 오백 세 된 후에 셈과 함과 야벳을 낳았더라.

그런데 이상 열거된 아담의 후손 중에서 매우 인상적인 한 사람이 있다. 두말할 것도 없이 노아의 증조부가 되는 에녹이라는 사람으로 그에 관한 창세기 5장의 기록을 인용하면 다시 다음과 같다.

에녹은 육십오 세에 므두셀라를 낳았고 므두셀라를 낳은 후 삼백 년을 하나님과 동행하며 자식을 낳았으며 그가 삼백육십오 세를 향수하더라. 에녹이 하나님과 동행하더니 하나님이 그를 데려가시므로 세상에 있지 아니하였더라.

에녹은 므두셀라라는 아들을 낳은 후 300년 동안 하나님의 나라를, 즉 알려지지 않은 저 우주의 어느 곳을 저들과 함께 왕래하더니 결국은 아예 저들의 행성으로 이주해버리고 만 것이었다.

하나님이 에녹을 유독 사랑하여 그와 동행하였으며, 그의 살아생전에 하나님의 나라로 데려갔다는 것. 비록 단문이긴 해도 이는 무척 강렬한 내용의 문장이다. 그런 까닭에서인지 기원전 2세기경에 제작된 요벨서를 비롯한 여러 성서의 이본(異本)에서는 그를 현재 우리가 보고 있는 정본의 성서에서보다 훨씬 크게 다루고 있으니 어떤 이본에는 그가 하나님의 가장 가까운 천사로 기록돼 있기도 하다. 타락 천사의 구체적 행위들이 수록된 에녹서라는 구약의 외경(外經)에서는 그가 하늘나라의 석학(碩學)으로서 존재한다. 어찌됐든 에녹은 후대의 엘리야 선지자, 그리고 예수와 더불어 살아 승천을 한 성서의 불세출의 인물이 된 셈인데, 하지만 그가 하나님과 동행한 방법, 즉 교통수단에 대해서는 어떤 기록이건 간에 매우 모호하다.

그렇다면 인간인 그는 어떤 방법으로서 하나님과 동행할 수 있었으며 또 어떤 방법으로서 하나님의 나라로 갈 수 있었을까? 그에 대한 답은 단 하나, 오로지 저들의 비행선에 탑승하는 길뿐이다. 즉 하나님의 총애를 받았던 그는 살아 300년 동안 저들의 비행선을 타고 저들의 행성, 혹은 다른 미지의 세계를 여행하다가 마침내는 저들의 행성에 정주하게 됐다는 것이 성서에 쓰여 있는 에녹의 스토리인 셈이다. 다만 그의 탑승 방법만이 쓰여 있지 않을 뿐이다.

좀 더 나아가 살피자면, 그렇다면 에녹처럼 살아 승천을 한 엘리야와 예수는 그 탑승 방법이 성서에 기록되었을까? 경이롭게도 성서에는 그들이 우주선에 오른 방법이 기록돼 있으니, 그 첫 번째 인물인 엘리야는 다음과 같다.

> 여호와께서 회오리바람으로 엘리야를 하늘로 올리고자 하실 때에 엘리야가 엘리사와 더불어 길갈로부터 나가더니 엘리야가 엘리사에게 이르되, 부탁컨대 너는 여기 머물라. 여호와께서 나를 벧엘로 보내시느니라. 엘리사가 답하되, 여호와의 삶과 당신의 삶을 걸어 맹세하노니 나는 당신을 떠나지 아니하겠나이다.
> 두 사람이 이렇게 걸으며 말하는데, 갑자기 불수레와 불말이 나타나 두 사람을 떼어놓더니 엘리야가 회오리바람을 타고 승천하더라. 엘리사가 보고 소리 지르되, 내 아버지여 내 아버지여, 이스라엘의 병거(兵車)와 그 마병(馬兵)이여 하고 외치는 가운데 사라져 보이지 아니하더라. (열왕기 하 2:1-12)

잘 알려진 바와 같이 엘리야는 이스라엘 왕국의 아합 왕[34]과 아하

---

34) 역사서의 아하브(Ahab). 이스라엘 왕국의 제 10대 왕(재위 BC 877~856).

시아 왕[35] 시기에 활약한 대예언자로, 그는 아합과 아하시아의 우상 숭배를 배격하며 여러 가지 기적을 행하다 마침내는 하나님의 명을 받아 승천을 하는 불가사의를 연출하였다. 그가 승천한 것은 아하시아의 뒤를 이어 왕이 된 여호람[36]의 즉위 2년째 되는 해,[37] 즉 기원전 854년의 일로 그 승천의 광경이 성서 열왕기 하편에 비교적 상세히 묘사돼 있다. 그를 신봉하여 따르던 엘리사라는 제자가 한사코 스승의 곁을 떠나지 않더니 결국은 승천의 목격자가 되었던 까닭이다.

 다시 설명하자면, 엘리야와 제자 엘리사가 길갈을 떠나 요단 강 하류에 이르렀을 때 갑자기 하늘에서 불마차와 불말이 나타났고, 이에 놀란 엘리사가 몸이 굳어 멈춰서는 바람에 두 사람 사이의 거리가 벌어지게 되었다. 이어 홀로 된 엘리야를 향해 하늘로부터 강한 회오리바람이 일었고, 그 회오리바람에 이끌려 올라가 사라지게 된 것이었다. 그가 불마차와 불말 중의 어느 곳에 올랐는지 알 수 없다. 하지만 목격자인 엘리사의 마지막 외침으로 보자면 엘리야는 불마차와 불말 중의 어느 한 곳에 오른 것만큼은 분명하다.

 그렇다면 이때 나타난 불마차와 불말은 과연 무엇일까? 그것은 두말할 것도 없이 저들 비행선의 모선과 자선일 터, 이것은 엘리사의 외침으로 바로 증명된다.

---

35) 역사서의 아하지아(Ahaziah). 이스라엘 왕국의 제 11대 왕(재위 BC 856~855).
36) 역사서의 예호람(Jehoram). 이스라엘 왕국의 제 12대 왕(재위 BC 855~844).
37) 열왕기하 1:18

"내 아버지여 내 아버지여, 이스라엘의 병거(兵車)와 그 마병(馬兵)이여."

즉 엘리사는 하늘에 뜬 불마차를 전장(戰場)의 전차로, 그 보다 작은 불말은 전차를 호위하는 기병으로 본 것이니 그가 외친 위의 말은 어쩌면 최상의 표현으로도 여겨진다. 그리고 이 불마차와 불말을 우주선의 모선과 자선으로 보자면, 아마도 모선은 1대가, 자선은 여러 대가 출현했을 것이 분명하니 이는 그 얼마 후 엘리사의 심부름꾼이 본 광경과도 흡사하다.

여호와께서 그 사환의 눈을 여시매 저가 보니 불말과 불병거가 산에 가득하여 엘리사를 둘렀더라. (열왕기하 6:17)

아울러 승천 당시의 엘리야는 저들의 모선에 탑승했을 가능성이 매우 농후하며, 다만 회오리바람만 없었을 뿐 같은 양력 발생장치로서 승천한 훗날의 예수 역시 승천하여 탑승한 곳은 저들 우주선의 모선일 것이리라.

우리 태양계에서는 지구 외에는 생물이, 더욱이 인간과 같은 고등생물이 없다는 것이 정설이다. 그리고 우리 태양계 밖에서 지구와 가장 가까운 별은 프록시마 센타우리,[38] 지구와는 4.22광년의 거리이다. 그 밖에 우리가 보는 별들은 대부분 100광년 이상 떨어져 있다. 북극성은 800광년이며 오리온은 1,500광년, 눈에 잘 보이지 않음에

---

38) 알파 센타우리 삼중성(三重星)의 하나로, 알파 센타우리 A, B, 두 별의 바깥을 도는 적색왜성이다.

도 우리에게 친숙한 저 안드로메다 은하는 무려 2500만 광년이다.

이렇게 보자면, 그리고 그 위에 성서의 내용을 얹자면 예수는 승천을 하여 여호와의 나라에 가기까지 적어도 4광년 이상을 유대의 홑옷 복장으로서 날아간 셈이다. 성서에 써 있는 아래 두 구절의 승천 기록을 아무리 살펴보아도 예수 그로부터 평소의 복장을 벗어난 다른 어떤 장치 같은 것을 유추해 보기 힘든 까닭이다.

> (예수께서) 이 말씀을 마치시고 저희 보는 데서 올리워 가시니 구름이 저를 가리워 보이지 않게 하더라. (사도행전 1:9)

광년(光年, a light-age)은 문자 그대로 빛의 나이로, 빛이 1년 동안 나아가는 거리를 이른다.[39] 흔히들 빛의 속도를 1초에 지구 7바퀴 반을 돌 수 있는 속도로 정의하는데, 4광년이라고만 해도 그 같은 속도로서 4년을 가야 하는 거리가 되겠으니, 현재 우리 시대의 가장 빠른 로켓으로 가면 약 5만 년이 걸린다고 한다. 그런데 예수는 그 같은 천문학적인 거리를 아무런 장비도 장치도 갖추지 않은 채 홀로 유영했다는 것이고, 엘리야 역시 그렇다는 얘기다. 저 춥고 깜깜하고 공기조차 없는 우주공간을 말이다.[40] 게다가 놀랍게도 엘리야는 880년 후인 로마 시대에 자신의 모습을 다시 나타낸 바 있다.[41] 그리고 그때 여호와의 음성이 들려왔다는 곳이 '빛나는 구름' 속이다.

---

39) 빛의 속도는 초속 30만 km로 1광년은 약 9조 4천 6백억 km이다.
40) 우주의 평균온도는 섭씨 영하 270도이며 진공상태로서, 사람이 우주에서 무방비 상태로 노출될 경우 의식은 30초를 유지하지 못하고 생명은 6분을 넘기지 못하는 것으로 알려져 있다.
41) 마태복음 17:1-8

필자가 느닷없이 이 '구름'이란 단어를 주목함은 예수가 다시 그 모습을 나타낼 때 역시 바로 이 같은 '구름'을 타고 올 것이라는 성서 여기저기서의 예언 때문이니[42] 그것은 예수의 제자들과 함께 예수의 승천을 바라보던 두 천사들의 언급에서도 여실하다.

> (예수께서) 올라가실 때에 제자들이 자세히 하늘을 쳐다보고 있는데 흰 옷 입은 두 사람이 저희 곁에 서서 가로되, 갈릴리 사람들아. 어찌하여 서서 하늘을 쳐다보느냐. 너희 가운데서 하늘로 올리우신 이 예수는 하늘로 가심을 본 그대로 오시리라 하였느니라. (사도행전 1:10-11)

이에 앞서 인용한 성서 구절에는 '예수가 승천할 때 구름이 그를 가려 보이지 않게 했다'고 서술돼 있다. 그리고 이어진 구절에는 '그가 올 때 하늘로 간 모습 그대로 올 것이라'고 되어 있다. 즉 그는 자신의 몸을 가렸던 바로 그 구름을 타고 간 것이요, 이 땅에 다시 올 때 역시 그러한 모습, 즉 구름을 타고 올 것이라는 얘기다. 재차 설명할 것도 없이 예수는 유대의 홑옷 차림으로 하늘나라에 간 것이 아니라 무엇인가를 타고 갔음을 말해주는 대목인데, 공교롭게도 선지자 에스겔이 여호와의 비행선을 목도하기 전 보았던 것도 '북방으로부터의 큰 구름'이었다.

다시 본문으로 돌아가 말하자면 창세기의 에녹 역시 무엇인가를 타고 하나님의 나라로 갔을 것임은 이제 의심의 여지가 없다. 그리

---

42) 마가복음 13:26, 요한계시록 1:7

고 그것이 저들의 비행선임 또한 의심의 여지가 없을 것인데, 다만 그의 탑승 방법은 엘리야나 예수와는 분명 달랐을 터, 여기서 성서에 나타난 우주비행선에의 또 다른 탑승 방법을 소개하고자 한다. 앞서 말한 선지자 에스겔의 예인데, 이미 설명한 바와 같이 그는 저들 외계인의 우주비행선을 목격하고 이에 대한 상세한 내용을 기록으로 남긴 자이다.

이 탑승은 저들의 우주비행선을 최초 목격하고 여호와와 대화를 나눈 시점으로부터의 1년 뒤, 즉 기원전 592년 6월 5일의 일이다.

> 제 육년 유월 오일, 내가 집에 있고 유다 장로들이 내 앞에 앉아 있는데, 주 여호와의 권능이 거기서 내게 임하기로 내가 보니 불같은 형상이 있어 그 허리 이하 모양은 불같고 허리 이상은 광채가 나서 불에 달군 쇠 같더라. 그가 손 같은 것을 펴서 내 머리털 한 모숨을 잡으며 주의 신이 나를 들어 천지 사이로 올리시고 하나님의 이상 가운데 나를 이끌어 예루살렘으로 가서 안뜰로 들어가는 북향한 문에 이르시니 거기는 투기의 우상, 곧 투기를 격발케 하는 우상의 자리가 있는 곳이니라…
> 그가 또 내게 이르시되, 사람의 아들아. 네가 보았느냐. 유다 족속이 여기서 행한 가증스러운 일들을 어찌 적다 하겠느냐. 그러므로 나도 분노로 갚아 동정하거나 용서치 아니하고 그들이 큰 소리로 부르짖을지라도 내가 듣지 아니할 것이니라. (에스겔 8:1-18)

그가 또 큰소리로 외쳐 가라사대, 이 도시를 관할하는 자들은 각기 살육하는 기계를 손에 들고 나오라 하시더라. 네가 보니 여섯 사람이

북향한 위쪽 문으로 좇아오는데, 각 사람의 손에 살육하는 기계를 잡았고 그 중에 한 사람은 리넨[43]을 입고 허리에 서기관의 먹 그릇을 찼더라. 그들이 와서 청동의 제단 곁에 섰더라. 체러빔에게 머물러 있던 이스라엘 하나님의 영광이 올라 성전 문지방에 이르시더니 여호와께서 그 리넨 옷을 입고 서기관의 먹 그릇을 찬 사람을 불러 이르시되, 너는 예루살렘 도시 중을 순행하여 그 가운데서 행해지는 우상숭배에 대하여 탄식하고 우는 자의 이마에 표시를 하라 하시더라.

그리고 또 들으니 그가 나머지 남은 자에게 이르시되, 너희는 그 뒤를 좇아 도시를 순행하며 동정하거나 용서치 말고 늙은이나 청년이나 젊은 처자, 부녀자나 어린이를 가리지 않고 모두 다 도륙하되 단 이마에 표시가 있는 자들은 건드리지 마라. 내 성소 앞에서 시작할지니라 하시매 그들이 성전 앞에 있는 늙은이들로부터 시작하더라.

그가 또 그들에게 이르시되, 너희는 이 성전을 더럽혀 온 마당이 시체로 가득 차도록 도륙하라. 가라. 하시매 그들이 나가서 온 도시를 도륙하기 시작하더라. 그들이 도륙하는 동안 홀로 남은 내가 엎드려 부르짖어 가로되, 오. 내 주여. 예루살렘을 향한 분노로써 이스라엘의 남은 자들을 모두 멸하시려 하시나이까. (에스겔 9:1-8)

여기서 말하는 '주의 신'이 무엇인지는 이미 수차례에 걸쳐 세세한 설명을 마친 바 여기서 새삼 부언한 필요는 없을 듯싶다. 즉 에스겔은 저들의 비행선에서 뻗어진 로봇팔에 들려 탑승을 하였고, 자신이 거주하던 바빌로니아의 니푸르시(市)로부터 무려 1,500km나

---

43) linen. 원래는 아마포(亞麻布) 계통의 흰 속옷을 의미하나 여기서는 속옷처럼 보이는 흰 옷, 즉 몸에 달라붙은 형태의 백색 우주복을 가리킨 듯하다.

떨어진 유다 땅 예루살렘까지 순식간에 날아가게 된 것이었다. 그리고 그곳에서는 뜻하지 않게도 자신의 동족에 대한 대규모의 학살을 목도하게 된다. 이스라엘 민족이 자신 여호와를 숭배하지 않고 배교(背敎)하여 우상을 섬겼다는 것이 살육의 이유인데, 손에 살육하는 기계, 즉 소총과 같은 개인화기를 든 여섯 명의 체러빔과 흰 우주복을 입고 허리에 먹 그릇을 찬, 즉 권총집을 찬 그들의 우두머리에 대한 묘사, 그리고 그들이 행하는 무분별한 살육에 대한 에스겔의 절규가 따로 눈을 끄는 대목이기도 하다.

  그러나 여기서 단언하거니와 창세기의 에녹은 결코 이상과 같은 방법으로서 탑승하지 않고 당당하고도 자연스럽게 비행선에 올랐을 터이니, 무엇보다 그가 살던 창세기 당대에서는 굳이 이와 같은 번거로운 방법을 거쳐 탑승할 필요가 없었을 것이기 때문이다. 한 마디로 말하자면 그는 비행선으로부터 내려진 트랩을 타고 올랐을지니, 그가 이 지구에서의 마지막 날에 승선한 모선의 트랩은 특히 높고도 길었을 것이다. 장(章)은 다르지만 그러한 트랩이 같은 창세기에 자못 소상히 소개돼 있다.

야곱이 브엘세바를 떠나 하란으로 향하여 가더니 한 곳에 이르러서는 해가 진지라 거기서 유숙하려고 그곳의 한 돌을 취하여 베개하고 거기 누어 자더니 꿈에 본즉 사닥다리가 땅 위에 섰는데 그 꼭대기가 하늘에 닿았고 또 본즉 하나님의 사자가 그 위에서 오르락내리락하고 또 본즉 여호와께서 그 위에 서서 가라사대, 나는 여호와이니 너의 조부 아브라함의 하나님이요 이삭의 하나님이라. 지금 네가 누운 땅을 내가 너와 네 자손들에게 주리니 네 자손이 땅의 먼지처럼 퍼져 동서남북에 가득 찰 것이며 이 땅의 모든 족속들이 너와 네 자손들로 인하여 복을 얻으리라.

내가 너와 함께 있어 네가 어디로 가든지 너를 지키며 너를 이끌어 이 땅으로 돌아오게 할지니 내가 네게 허락한 것을 다 이루기까지 너를 떠나지 아니하리라 하신지라.

야곱이 잠이 깨어 가로되, 여호와께서 과연 여기 계시거늘 내가 알지 못하였도다. 이에 두려워하여 가로되, 두렵도다 이곳이여. 이는 하나님의 궁전이요 이는 하늘의 문이로다 하고 야곱이 아침에 일찍이 일어나 배개하였던 돌을 가져 기둥으로 세우고 그곳에 기름을 붓고 그곳의 이름을 벧엘이라 하였더라. (창세기 28:10-19)

이상 야곱의 이야기는 이른바 '야곱의 꿈'이라 불리는 성서의 유명한 일화이다. 약간의 설명을 덧붙이자면 이 꿈은 자신의 형 에서(Esou)의 보복을 피해 동방으로 이주하던 야곱이 그 중간에서 꾼 것인데, 내용인즉 위의 글대로 꿈에서 하늘에 닿을 듯한 높은 사다리를 보았고, 그곳에서 여호와와 천사들을 목격하고 여호와로부터 직접 축복을 받았다는 것이었다. 이 이야기는 야곱이 아브라함의 계보를 잇는 적장자로서의 신탁(神託)을 이룬 것으로 해석되어 차자(次子)로서의 족장 승계 문제, 그리고 그로부터 비롯될 정통성 문제 등에서 자유로워질 수 있었는데, 정작 필자가 다루고자 하는 문제는 야곱이 꿈에서 본 사다리는 과연 무엇인가 하는 것과 그것이 정말로 꿈이었나 하는 것이다.

성서에서는 종종 꿈의 내용으로서 현실을 압박하는 비합리적인 경우가 눈에 띄는데, 예를 들자면 예수의 아비 요셉이 혼전에 꾼 꿈 등이 그것이다. 즉 요셉은 다만 혼인의 약속만 있었을 뿐 동침도 하지 않은 자신의 정혼녀 마리아가 돌연 임신을 하자 그녀와 조용히 파혼코자 한다. 이때 그의 꿈에 나타난 하나님의 사자로부터 '너의 정혼녀 마리아는 성령으로 잉태되었다'는 말을 듣게 된다. 요셉이 그 성령이란 것을 어떻게 이해했는지는 알 수 없는 노릇이나, 아무튼 그는 그와 같은 뚱딴지같은 말을 믿고 마리아와의 결혼을 실행에 옮겼을 뿐 아니라 그녀의 출산 때까지 동침하지도 않는다. 그리고 아기가 출생한 후, 다시 꿈에 하나님의 사자가 나타나 '유다 왕 헤롯이 아기를 위해(危害)하려 하니 이집트로 피신하라' 함에 그대로 따르고, 헤롯의 사후 또다시 현몽(現夢)한 사자의 말을 따라 유다 땅으로 돌아온다. 예수의 어미 마리아가 부도덕한 미혼모가 되지 아니하고, 아기 예수가 헤롯왕의 위해로부터 살아남을 수 있었던 성서의 주요 주제가 고작 요셉이 꾼 꿈을 근거로 하고 있는 것이다. 그 꿈을 꾼 요셉이란 사람은 오래전에 멸망한 다윗왕가의 후손이라는 것을 제외하고는 그저 베들레헴(혹은 나사렛)이라는 작은 마을 출신의 촌부에 불과하며 이후 성서에서는 언제 어떻게 살다 갔는지의 기록도 없이 사라져 간 인물이다. 필자의 주장인즉슨 그러한 요셉의 꿈을 근거로 예수의 출생과 목숨이 좌우된다 하면 성서의 가치란 것이 너무 실망스럽다는 것이다. 다시 말하자면, 요셉은 꿈을 꾼 것이 아니라 실제로 그의 눈앞에 하나님의 사자라는 자가 나타나 마리아의 임신에 관한 전말 및 아기의 출생과 안위에 관한 강한 메시지를 전달했음이 사리에도 맞고 상식적으로도 이해될 수 있다는 것이다.

야곱이 꾸었다는 꿈 또한 그러하다. 즉 그는 꿈을 꾼 것이 아니라 자다가 깨어 하늘에 닿을 듯한 높은 사다리와 그 사다리를 오르내리는 사자들을 본 것이며 그 위에 서 있는 하나님을 본 것이었다. 그리고 재차 잠이 들었던 바, 그가 중간에 깨어 여호와의 실재함을 인식하고 다시 아침 일찍이 일어났다는 내용이 이를 증명한다.

그렇다면 야곱이 자다 깨어 목격한 하늘에 닿을 듯한 사다리는 과연 무엇이었을까? 단언하거니와 그것은 불마차, 즉 저들 우주비행선의 모선으로부터 내려진 긴 트랩임이 분명하다. 야곱은 그것을 밤에 보았으므로 그의 머리 위에 선 비행선의 평평한 바닥면만이 검은 하늘인 양 보였을 것이다. 그런데 다행히도 비행선의 바닥 출입구로부터 새어 나오는 불빛 덕에 트랩을 오르내리는 천사들과 입구 쪽에 서 있는 여호와를 보게 되었고, 더불어 그 육성을 듣게 된 것이었다.

워낙에 신비롭고 불가사의한 내용이 영감을 불러일으켰던 것일까? 후세의 화가들은 이 '야곱의 꿈'을 주제로 한 많은 작품을 남겼는데, 그림들을 보면 한결같이 높은 사다리, 혹은 계단을 오르내리는 날개 달린 천사들이 나온다. 그리고 여기서 필자는 한결같이 다음의 것이 궁금해진다. 날개가 있는 천사들이 왜 굳이 힘들게 사다리를 오르내릴까? 그리고 천사의 날개란 각종 폭풍우가 난무하는 저 하늘에서 과연 제 기능을 발휘할 수 있을까?

지구의 여자들에 반해 무시로 날아든
하나님의 자식들과 이에 분노한 하나님

자, 이제부터의 성서는, 그러니까 창세기 제6장부터의 내용은 외계인 내방설을 주장하는 필자로서도 믿기 힘든 놀랄만한 기록이 등장하는 바, 주목하시기 바란다.

사람이 땅 위에 번성하기 시작할 때에 그들에게서 딸들이 나니 하나님의 아들들이 사람의 딸들의 아름다움을 보고 자기들의 좋아하는 모든 자로 아내를 삼는지라.
여호와께서 가라사대, 나의 신이 영원히 사람과 함께 하지 아니하리니 이는 그들이 육체가 됨이라. 그러나 그들의 날은 일백 이십 년이 되리라 하시니라.
당시에 땅에 네피림이 있었고 그 후에도 하나님의 아들들이 사람의 딸을 취하여 자식을 낳았으니 그들이 용사라 고대에 유명한 사람이었더라.

이것이 무슨 소리인가는 따로 설명할 필요도 없는 대목이요 교계에서 말하는 구구한 해석 또한 필요 없는 대목이다. 그저 쓰여 있는 그대로 받아들이면 되는 것이다.

즉 지구에 사람들이 번성할 무렵, 이 지구 여인들에 반한 외계인들이 무시로 날아 와 지구 여인을 자신들의 아내로 삼았다는 것인데, 여기서 성서는 이미 당대의 지구에 인류의 여러 종족이 번성했음을 은연중에 고백하고 있다. 부연하자면, 하나님의 아들들은 그들 중에서 제 취향의 여자를 택해 자식을 낳았던 바, 이른바 네피림이라 불린 별종이었다는 것이다. 그리고 그 기간도 짧지 않았으니 네피림 종족이 형성된 후에도 외계인과 지구인과의 혼혈은 이어졌고, 그들 혼혈종은 당연히 타 종족에 비해 우월했을진저, 그 용맹성이 고대에 유명했다는 것이다.

아울러 성서의 민수기에서는 이집트를 탈출한 히브리족이 광야를 헤맬 때, 창세기에 언급된 네피림의 후손과 같은 거인족을 만났다고 기록하고 있는 바, 적어도 그들이 기원전 1200년경까지 실재했음을 보여준다.

(정찰대가) 이스라엘 자손 앞에서 그 탐지한 땅을 악평하여 가로되, 우리가 두루 다니며 탐지한 땅은 그 거민(居民)을 삼키는 땅이요, 거기서 본 모든 백성은 신장이 장대한 자들이며, 거기 또 네피림에서 나온 아낙의 자손 대장부들을 보았나니 우리가 스스로 보기에도 메뚜기 같으니 그들이 보기에도 그와 같았을 것이니라. (민수기 13:32-33)

이는 설사 히브리인들이 광야에서 만난 어떤 거구의 집단을 창세기에 언급된 용사의 후예들이라고 착각을 했다 해도 그들의 뇌리에는 과거 이 지구상에 존재했던 우등한 혼혈족의 모습이 어떤 형태로든 자리 잡고 있었음을 보여준 증거라 할 수 있을 것이다.

다시 본문으로 돌아가 설명하자면, 여호와는 당연히 이러한 교합을 반대하고 우려하였다. 이 지구를 자신들의 피조물이 다스리는 괴뢰 행성으로 만들려는 것이 여호와의 본래 생각이었던지라 그들 외계인과 지구인들 간의 교합으로서 새로운 제3의 인종이 태어나는 것, 그리고 그 우수한 제3의 인종이 세력화되는 것을 원치 않았기 때문이었다.

그러나 지구의 여인에 반한 저들 외계인은 인간과의 교합을 지속하였는데, 저들이 아내로 삼은 자는 지상의 본래 인류보다는 저들이 만든 인간의 후손, 즉 지금까지 위에서 나열된 아담 후손의 여인들에게 집중되었다. 아직은 자신들과 외모가 흡사하며, 게다가 그간 대를 이어오는 동안 아무래도 피할 수 없었던 원(原)지구인과의 교합으로써 새로운 아름다움까지 더하게 된.

이를 생물학적으로 설명하자면 이른바 잡종강세에 해당한다고 할 수 있을 것인데, 게다가 그들은 조상들의 장수 유전자까지 보유하고 있어 어쩔 수 없이 장시간을 여행할 수밖에 없는 저들 외계인의 상대로서 매우 적합했을 것이다. 그리고 앞서 강조한대로 그 자식들인 네피림의 체격과 체력 등이 타 종족에 비교 우위를 점했을 것임은 불문가지일진저, 그들 네피림이 당대의 유명한 종족을 넘어 지구의 새로운 세력으로서 등장하는 것은 그야말로 시간의 문제가 될 터였다.

이를 우려했던 여호와로서는 비상조치를 취하지 않을 수 없었다.

여호와께서 가라사대, 나의 신이 영원히 사람과 함께 하지 아니하리니 이는 그들이 육체가 됨이라. 그러나 그들의 날은 일백 이십 년이 되리라 하시니라.

즉 여호와가 지상에 내린 선포는 다음과 같은 것이었다.
"너희들이 이처럼 제멋대로 피를 섞으면 나는 너희 사람들에 대한 보살핌을 포기하고 너희들이 나의 신이라 부르는 이 우주선을 타고서 영원히 지상을 떠나게 될 것이다. 그러나 그렇게 되면 너희들은 지상의 뭇 인간의 육체와 다름없는 몸이 될 것인즉 수명은 120세로 제한될 것이다."

그런데 이는 사실 아담 후손들을 향한 것이라기보다는 같은 외계인들에 대한 경고로 보는 것이 옳을지니, 하나님의 아들들에 선택된 지상의 여인들은 결국 피동적일 수밖에 없기 때문이었다. 그 구체적 메시지는 다음과 같은 것이었다.

"지금의 상황인즉, 우리의 피를 이은 저 아담의 후예들마저 지구상의 미개인들과 별반 다를 게 없이 돼버리고 말았다. 게다가 일부 지각없는 우리 외계인까지 지상의 미개인들 같이 되려 하고 있는 바, 우리의 지구 식민화 프로젝트의 지속 여부를 고민하지 않을 수 없게 되었다. 사정이 이와 같은즉 새로 온 병력들은 더 이상 지상의 여인들을 가까이 하지 말라. 만일 우리가 프로젝트를 접고 철수하는 날이면 너희들은 버려지게 될 것이고, 그리되면 너희들은 저 인간들과 마찬가지의 육체가 될 것이니 고작해야 120년 정도를 살다 죽게 될 것이다"라는 엄중한 경고를 내린 것이었다.

여호와가 이 지구를 영구히 통치하려는 계획은 에덴의 일에서도 알 수 있는 바, 저들은 그때 이 지구에서의 영생을 생각하고 있었다.[44] 여호와를 비롯한 지구 개척자들의 최초 계획은 그렇듯 장기적인 것이었다. 하지만 여호와의 경고는 지상에 그리 반영되지 못했으니, 아담의 후손들은 그들대로, 새로 온 외계인들 역시 그들대로 지구인과 교합을 지속하였고, 그 자식들은 고대의 유명한 용사로서 세력을 이어나갔다.

이때의 인간 세계를 다시 설명하자면,

a. 하나님이 자신의 형상대로 만든 아담 직계의 순수혈통
b. 이 땅에서 진화해 온 호모 사피엔스의 후손
c. a와 b의 혼혈종
d. c(혹은 a)와 외계인과의 혼혈종인 네피림

이상의 종족이 뒤엉켜 저마다의 세력을 키워갔을 터, 여러 가지 혼란이 불가피했을 것이었다. 그리고 이 같은 결과는 저들 외계인들의 최초 프로젝트, 즉 외계인 자신들의 후손들로 하여금 이상 국가

---

44) 창세기 2:22-24

에 가까운 지구를 만들어 다스리게 하겠다는 계획과는 크게 어그러진 것이었다. 또한 더 큰 문제는 그것이 되돌릴 수도 없는 지경이 되었다는 것이었다. 이 같은 혼란을 목도한 저들 외계인 최고 수장인-좀 더 정확히 말하자면 지구 식민화 프로젝트의 최고 책임자인-여호와로서는 고뇌하지 않을 수 없었다.

> 여호와께서 사람의 죄악이 세상에 관영함과 그 마음속 생각의 모든 계획이 항상 악할 뿐임을 보시고 땅 위에 사람 지으셨음을 한탄하사 마음에 근심하시고

여호와의 고뇌가 이렇듯 깊어지는가 싶더니 어느 날 특단의 조치를 발표하였다.

> 가라사대, 나의 창조한 사람을 내가 지면에서 쓸어버리되 사람으로부터 육축과 기는 것과 공중의 새까지 그리하리니 이는 내가 그것을 지었음을 한탄함이니라 하시니라

즉 대홍수로서 지상의 모든 것을 쓸어버리겠다는 계획을 공표한 것이었다. 그리고 이것은 인간을 비롯해 자신이 만든 이 땅 모든 것을 한탄해서인 바, 지구 지배 프로젝트의 일괄 폐기 내지는 전면 재수정을 의미하는 것이라 할 수 있었다. 그런데 이 무시무시한 발표에 앞서 주목할 점은 소위 전지전능하다는 하나님 역시도 한 사람의 인간이었던 터, 고민하고 한탄하고 근심하는 품이 뭇 인간의 그

것과 전혀 다르지 않다는 점이다. 앞서 서문에서 인용한 아인슈타인의 "나는 자신의 창조물을 심판한다는 신을 상상할 수가 없다"는 일성은 바로 이 대목을 말함이니, 어쩌면 그도 '여호와는 곧 외계인'이라는 생각을 염두에 두었는지 모를 일이다.

여기서 한 가지 더 부연하자면, 앞서 언급한 에녹서는 하늘나라를 벗어나 지상의 딸들을 아내로 삼은 천사들에 대한 기록이다. 비록 훗날 정경(正經)으로 채택되지는 못했지만 총 108장의 에녹서에는 지상의 여자를 아내로 맞으려는 천사들의 작당 과정과 그 우두머리들의 이름, 그리고 그들이 지상에서 한 일과 이들에 대한 에녹의 충고 등이 세세히 기록돼 있다. 더불어 그 마지막은 정경과 마찬가지로 대홍수라는 심판으로서 귀결되어진다. 하지만 정작 심판을 당해 죽는 것은 이 땅의 무고한 생명일 뿐, 실제적 원인 제공자인 타락천사들에 대한 심판은 나와 있지 않은데, 놀랍게도 정경에 그들에 대한 처벌의 내용이 실려 있다. 그들이 이른바 직권남용과 근무지 무단이탈죄로서 유배정치(流配定置)되었다는 내용이 인간의 호색(好色)의 죄와 관련하여 출현하고 있는 것이다.

> 또 자기 지위를 지키지 아니하고 자기 처소를 떠난 천사들을 큰 날의 심판까지 영원한 결박으로 흑암에 가두셨으며, 소돔과 고모라와 그 이웃 도시들도 저희와 같은 모양으로 간음을 행하였으며, 다른 색을 따라가다가 영원한 불의 형벌을 받으므로 거울이 되었느니라. (유다서 1:6-7)

하나님이 범죄한 천사들을 용서치 아니하시고 지옥에 던져 어두운 구덩이에 두어 심판 때까지 지키게 하였으며, 옛 세상을 용서치 아니하시고 경건치 아니한 자들의 세상에 홍수를 내리셨도다. (베드로 후서 2:4)

하나님의 심판에서 살아남은
별로 의롭지 못한 '의인' 노아

그런데 다만 노아라는 이름의 단 한 사람만이 이 몰살의 계획으로부터 제외되었다. 그가 의인이요 당세(當世)의 완전한 자라는 이유에서였다.

> 그러나 노아는 여호와께 은혜를 입었더라.
> 노아의 사적은 이러하니라. 노아는 의인이요 당세에 완전한 자라. 그가 하나님과 동행하였으며 그가 세 아들을 낳았으니 셈과 함과 야벳이라.
> 때에 온 땅이 하나님 앞에 패괴(悖壞)하여 강포가 땅에 충만한지라. 하나님이 보신즉 땅이 패괴하였으니 이는 땅에서 모든 혈육 있는 자의 행위가 패괴함이었더라.
> 하나님이 노아에게 이르시되, 모든 혈육 있는 자의 강포가 땅에 가득하므로 그 끝 날이 내 앞에 이르렀으니 내가 그들을 땅과 함께 멸하리라.

너는 잣나무로 너를 위하여 방주를 짓되 그 안에 칸들을 막고 역청으로 그 안팎을 칠하라.

그 방주의 제도는 이러하니 길이가 삼백 큐빗, 너비가 오십 큐빗, 높이가 삼십 큐빗이며 거기 창을 내되 위에서부터 한 큐빗에 내고 그 문은 옆으로 내고 상중하 삼 층으로 할지니라.

내가 홍수를 땅에 일으켜 무릇 생명의 기식(氣息)이 있는 육체를 천하에서 멸절하리니 땅에 있는 자가 다 죽으리라.

그러나 너와는 내가 내 언약을 세우리니 너는 네 아들들과 네 아내와 네 자부들과 함께 그 방주로 들어가고, 혈육 있는 모든 생물을 너는 각기 암수 한 쌍씩 방주로 이끌어 들여 너와 함께 생명을 보존케 하되, 새가 그 종류대로, 육축이 그 종류대로, 땅에 기는 것이 그 종류대로 각기 둘씩 네게로 나아오리니 그 생명을 보존케 하라.

너는 먹을 모든 식물을 네게로 가져다가 저축하라. 이것이 너와 그들의 식물이 되리라.

노아가 그와 같이 하되 하나님이 자기에게 명하신대로 다 준행하였더라.

여호와가 노아에게 이르시되, 너와 네 온 집안은 방주로 들어가라. 네가 이 시대에 내 앞에서 의로움을 내가 보았음이니라.

여호와의 계획은 '이 땅의 모든 혈육 있는 자', 즉 아담의 후손이건 원(原)지구인이건 네피림이건 간에 피아(彼我)를 가리지 않고 생명을 가진 모든 인간을 죽이겠다는 것이었다. 그 속에서 노아 그가 어떻게 홀로 제외되게 되었는지는 정확히 알 수 없으나 성서의 말대로라면 당대의 의인이라 것이 주된 이유였다.

하지만 이후 노아가 행한 행동을 보면 그는 '의로움'과는 전혀 거리가 먼 인물이다. 이에 대해서는 잠시 후 세세한 설명을 하겠으되 대홍수 당시에 보여준 행동만을 놓고 보더라도 그로부터의 의로움은 매우 찾아보기 힘들다. 이는 대홍수 이후의 또 다른 심판, 즉 아브라함 시대에 행한 불의 심판 당시 보여준 아브라함과 롯의 눈물겨운 구명(救命)의 노력에 견주어 보면 더욱 그러하다. 즉 당시 아브라함과 그의 조카 롯은 한 사람의 생명이라도 더 구하기 위해 절절한 노력을 기울이지만, 당대의 의인이요 완전한 자라는 노아는 타인의 구명을 위한 아무런 노력도 하지 않은 채 그저 제 식구만을 구했을 뿐이었다.

그렇게 볼 때, 노아 그가 선택된 자가 된 이유로서 사용되어진 '의인'이란 단어는 그와 별로 어울리지 않고, 다만 '하나님 앞에서 의로움을 보인 자'라는 수식만이 다가온다. 즉 하나님에 대한 각별한 충성이 그를 선택되게 만들었을 뿐이라는 얘기다.

노아가 선택된 또 한 가지 중요한 이유는 그가 '당세의 완전한 자'라는 것이었는데, 이는 오히려 '의인' 어쩌고 하는 수식보다 훨씬 진솔하게 다가온다. 왜냐하면 여기서 의미하는 '완전한 자'라는 것은 혼혈되지 않은 순수한 혈통임을 말하는 것으로 이해할 수 있는 바, 이 지구를 완전히 포기하지 않은 한, 순혈(純血)의 유일한 아담 혈족을 구하는 일은 여호와로서는 매우 당연한 선택이었을 것이기 때문이다.

아무튼, 배는 제작되었고 심판은 실행에 옮겨졌다. 길이 약 137m,

너비 약 23m, 높이 약 14m의 거대한 배가 완성된 것이었는데,[45] 그 기간이 얼마였는지는 몰라도 노아가 제 식구들만으로서 그 거대한 규모의 배를 완성시킬 수는 없었을 터, 이에 대해서도 외계인들의 조력이 있었을 것이다.

심판은 미증유의 대홍수를 일으키는 것이었고 공언대로 큰 비를 40일 동안이나 내렸다. 대규모의 인공강우를 일으킨 것이었다. 그리고 그렇게 내려진 비는 15큐빗[46], 즉 7m 정도를 덮었고 머문 기간이 무려 150일, 하나님 자신의 뜻대로 일대의 모든 동식물을 모조리 쓸어버리기 충분한 시간이었다. 그리하여 이 기간 동안 지상의 애꿎은 수많은 생명이 희생되었다. 오로지 여호와 자신의 계획이 어그러졌다는 그 한 가지 이유였는데, 이에 관한 성서의 잔인한 기록은 다음과 같다.

> 칠일 후에 홍수가 땅에 덮이니 노아 육백 세 되던 해 이월, 곧 그달 십칠일이라.
> 그날에 큰 깊음의 샘들이 터지며 하늘의 창들이 열려 사십 주야를 비가 땅에 쏟아졌더라.

---

45) 지금으로 보자면 구축함 규모의 배로 충무공 이순신함(길이 149.5m, 너비 17.4m, 높이 9.5m)에 맞먹고, 침몰된 유명한 여객선인 타이타닉호(길이 270m, 너비 28m, 높이 30m)의 절반 크기쯤에 해당된다.

46) 큐빗(Cubit)은 고대 사회에서 쓰이던 길이의 단위로 팔꿈치에서 손가락 끝까지의 길이에 해당된다. 고대 이집트에서는 523.5mm, 로마에서는 444.5mm, 페르시아에서는 500mm, 히브리 지방에서는 456mm를 1큐빗으로 사용하였는데, 현대 길이로의 환산에는 500mm가 일반적이나 여기서는 456mm를 기준으로 하였다.

홍수가 땅에 사십일을 있었는지라 물이 많아져 방주가 땅에서 떠올랐고, 물이 더 많아져 땅에 창일하매 방주가 물 위에 떠다녔으며, 물이 땅에 더욱 창일하매 천하에 높은 산이 다 덮였더니 물이 불어서 십오 규빗이 오르매 산들이 덮인지라.

땅 위에 움직이는 생물이 다 죽었으니 곧 새와 육축과 들짐승과 땅에 기는 모든 것과 모든 사람이라.

육지에 있어 코로 생물의 기식을 호흡하는 것은 다 죽었더라.

지면의 모든 생물을 쓸어버리시니 곧 사람과 짐승과 기는 것과 공중의 새까지라.

이들은 땅에서 쓸어버림을 당하였으되 홀로 노아와 그와 함께 방주에 있던 자만 남았더라. 물이 일백오십일을 땅에 창일하였더라.

그 150일 후, 비가 완전히 그치고 물이 빠지기 시작하였다.

깊음의 샘과 하늘의 창이 막히고 하늘에서 비가 그치매 물이 땅에서 물러가고 점점 물러가서 일백오십일 후에 감하고, 칠월 곧 그달 십칠일에 방주가 아라랏 산에 머물렀으며 물이 점점 감하여, 시월 곧 그달 일일에 산들의 봉우리가 보였더라.

사십일을 지나서 노아가 그 방주에 지은 창을 열고 까마귀를 내어 놓으매 까마귀가 물이 땅에서 마르기까지 날아 왕래하였더라.

그가 또 비둘기를 내어 놓아 지면에 물이 감한 여부를 알고자 하매 온 지면에 물이 있으므로 비둘기가 접촉할 곳을 찾지 못하고 방주로 돌아와 그에게로 오는지라.

그가 손을 내밀어 방주 속 자기에게로 받아들이고 또 칠일을 기다려 다시 비둘기를 방주에서 내어 놓으매 저녁때에 비둘기가 그에게로 돌아왔는데 그 잎에 감람 새 잎사귀가 있는지라.
이에 노아가 땅에 물이 감한 줄 알았으며 또 칠일을 기다려 비둘기를 내어 놓으매 다시는 그에게로 돌아오지 아니하였더라.
육백일년 정월, 곧 그달 일일에 지면에 물이 걷힌지라.
노아가 방주의 뚜껑을 제치고 본즉 지면에 물이 걷혔더니 이월 이십 칠일에 땅이 말랐더라.

　이로써 그 무시무시한 심판은 일단락이 됐다고 볼 수 있겠는데, 성서에 기록된 이 대홍수기(記)는 날짜까지 명료해 언뜻 정확한 기록이라는 느낌을 준다. 그러나 창세기의 대홍수기에서는 앞뒤가 서로 다른 다음과 같은 오류가 발견되는 바, 주제는 다르지만 잠시 짚고 넘어가기로 하겠다.
　우선 창세기 7장 2, 3절의 여호와가 노아에게 명령한 내용을 보면,

너는 모든 정결한 짐승은 암수 일곱씩, 부정한 것은 암수 둘씩을 네게로 취하며 공중의 새도 암수 일곱씩을 취하여 그 씨를 온 지면에 유전케 하라.

라고 되어 있으나, 그 다음 8, 9절의 내용은 앞과 전혀 상이하다.

정결한 짐승과 부정한 짐승과 새와 땅에 기는 모든 것이 하나님이 노

아에게 명하신대로 암수 둘씩 노아에게 나아와 방주로 들어갔더니

　이 같은 상이함은 과거 바트 어만[47]과 같은 눈 밝은 신학자들에 의해 종종 지적돼 왔는데, 이에 대해서는 다음과 같은 원전의 두 가지 버전을 제시하고 싶다. 즉 솔로몬 왕 시대에 작성되었다는 원전에서는 노아가 이스라엘 지방의 짐승과 새들은 각 일곱 쌍씩, 그렇지 않은 동물은 각 두 쌍씩 배에 태웠다고 기록돼 있는 반면, 이후 분열시대에 기록되었다는 원전에서는 모든 동물이 각 두 쌍씩 배에 태워졌다고 기록돼 있는 바, 아마도 이를 취합하는 과정에서의 혼동이 아닌가 여겨진다.

　노아의 방주가 걸렸다는 아라랏 산은 지금도 터키 동부 국경지대에 같은 이름으로서 존재하고 있다. 높이는 5,185m로, 주위의 산봉우리가 보였다는 성서의 고대(古代)와 같이 지금도 근동의 가장 높은 산으로 자리 잡고 있는데, 까닭에 지금도 방주를 발굴하겠다는, 혹은 발굴했다는 호기심성의 기사가 끊이지 않는 곳이다. 아무튼 방주는 그 산의 어디쯤에 걸린 것이었는데, 하나님의 명령이 있은 후 비로소 방주에서 나와 땅에 정주하게 된다. 그리고 그때 하나님이 했다는 말씀이 창세기 9장에 길게 나와 있는데, 그중 노아와 한 훗날에의 약속을 여기서 따로 떼어 적기로 하겠다. 이후의 인류에의 또 다른 심판, 즉 소돔과 고모라에의 심판에서 핵폭탄이 쓰이게 되는 까닭이 바로 여기서 연유하기 때문이다.

---

47) Bart D. Ehrman. 미국 채플 힐 노스캐롤라이나 대학 종교학부 교수. 'MISQUOTING JESUS: The Story Behind Who Changed the Bible and Why', 'Orthodox Corruption of Scripture' 등의 명저가 있다.

내가 너희와 언약을 세우리니 다시는 모든 생물을 홍수로 멸하지 아니할 것이라. 땅을 침몰할 홍수가 다시 있지 아니하리라.

내가 내 무지개를 구름 속에 두었나니 이것이 나의 세상과의 언약의 증거니라. 내가 구름으로 땅을 덮을 때에 무지개가 구름 속에 나타나면 내가 나와 너희 및 혈기 있는 모든 생물 사이의 내 언약을 기억하리니 다시는 물이 모든 혈기 있는 자를 멸하는 홍수가 되지 아니할지라. 무지개가 구름 사이에 있으리니 내가 보고 나 하나님과 땅의 무릇 혈기 있는 모든 생물 사이에 맺은 영원한 언약을 기억하리라.

하나님이 노아에게 또 이르시되, 내가 나와 땅에 있는 모든 생물 사이에 세운 언약의 증거가 이것이라 하셨더라.

여기서 하나님은 인간에게 다시는 이 지상에 물을 이용한 심판을 하지 않겠다는 약속을 한다. 자신의 판단으로는, 이만큼 혼이 난 이상 지상의 인간들이 더 이상의 패역을 범하지 않으리라 자신하였던 듯 보인다. 그리고는 덧붙여, 살아남은 지상의 인간들에게 공중의 무지개를 만들어 보이며 스스로의 약속을 증거 한다. 노아를 비롯한 지상의 인간들이 그 무지개를 보며 다시 한 번 천상의 인간들을 경외했을 것임은 불문가지일 것이다.

그렇다면 하나님은 여기서 어떻게 무지개를 만들어 보였을까? 성서에는 이것이 무슨 거창한 신의 조화처럼 묘사돼 있지만, 사실은 별것 없는 간단한 트릭에 불과하니, 그저 태양을 마주한 비행선이 수증기를 머금은 배기가스를 대기 중에 방출한 것뿐이었다. 사실 이러한 하나님의 트릭은 성서에서 수없이 발견된다. 그중 가장 절묘하고 효과적이었던 트릭은 훗날 모세에게 사용한 것이 되겠는데, 바로 모세가 호렙산[48]에서 하나님을 만날 때의 일로, 대표적인 예로서 한 가지만 소개하고 넘어가겠다.

성서의 출애굽기를 보면 이집트의 양치기였던 모세는 가나안 사람들의 출애굽, 즉 이집트 탈출을 영도할 지도자로서 선택된다. 모세를 선택한 외계인은 그를 호렙 산, 즉 시나이 산으로 불러들이는데, 그를 이끈 것은 시나이 산 꼭대기에 몰린 범상치 않은 빽빽한 구름이니 곧 외계인 비행선이 내뿜은 배기가스였다. 즉 시나이 산 정상 부근에 착륙한 외계인은 그것으로써 들판의 모세를 유인한 것인데, 이후 곧 그에게 다음 같은 트릭을 행한다.

모세가 그 장인 미디안 제사장 이드로의 양 무리를 치더니 그 무리를 광야 서편으로 인도하여 하나님의 산 호렙에 이르매 여호와의 사자가 떨기나무 불꽃 가운데서 그에게 나타나신지라. 그가 보니 떨기나무에 불이 붙었으나 사라지지 아니하는지라. 이에 가로되, 내가 돌이켜 가서 이 큰 광경을 보리라. 떨기나무가 어찌하여 타지 아니하는고 하는 동시에 여호와께서 그가 보려고 돌이켜 오는 것을 보신지라. 하나님이 떨기나무 가운데서 그를 불러 가라사대, 모세야 모세야 하시매 그가 가로되, 내가 여기 있나이다. 하나님이 가라사대, 이리로 가까이 하지 말라. 너의 선 곳은 거룩한 땅이니 네 발에서 신을 벗으라. 또 이르시되 나는 네 조상 하나님이니 아브라함의 하나님, 이삭의 하나님, 야곱의 하나님이니라.(출애굽기 3:1-6)

---

48) 이집트 시나이 반도 남쪽에 위치한 시나이 산의 성서적 호칭으로, 최고 높이 2285m의 산악군(群).

여기서 모세가 놀라 살피고자 한 것은 당연히 떨기나무에 불이 붙었으되 나무가 타지 않는 기현상이었다. 그 같은 기현상 속에 먼저 여호와의 사자가 불 속에서 나타났고, 모세가 뒤로 돌아가 그 불붙은 나무를 자세히 보려 할 즈음 여호와가 나타나 자신이 누구인지를 직접 밝혔다는 것이 이상의 내용이다.

떨기나무, 즉 관목(灌木, bush)을 사전에서 찾아보면 '나무의 키가 작고, 원줄기와 가지의 구별이 분명치 아니하며 밑동에서 가지를 많이 치는 나무'로 되어 있다. 그 반대말은 교목(喬木), 즉 소나무처럼 줄기가 굵고 곧은 나무를 가리키는데, 위의 출애굽기의 트릭에 있어서는 관목에 비해 확실히 그 효과가 떨어진다. 무슨 말인고 하니 여호와는 떨기나무 주변에 백색, 혹은 적색의 연막탄을 터뜨린 후 그 가운데서 신비롭게 출현한 것이므로 교목보다는 관목의 경우가 효과 면에서 우월하였을 것이라는 얘기다. 모세는 바로 이 흰색 또는 적색의 연기가 나는, 그러면서도 타지 않는 나무에 심히 놀란 것이었고, 그 불 속에서 조상의 신이라 하는 자까지 나타났던 바, 그 존재를 믿지 않으려야 않을 수 없는 노릇이었다. 현대인의 시각에서 보자면 매우 간단하고 유치한 트릭이겠지만, 그래서 그러한 게 정말로 유효했을까 의심도 되겠지만, 만일 이러한 트릭 없이 여호와가 나무 뒤에서 밋밋하게 등장했다면 모세에게는 단지 경계해야 할 낯선 이방인의 출현에 지나지 않았을 것이다.

말한 바대로 이 같은 트릭은 성서에서 부지기수로 나타나고, 때로는 트릭을 넘어 가공할만한 물리적 위력을 보여준 예도 있지만, 여기서 일단 각설하고 노아의 이야기를 이어가겠다.

앞서 말했듯 노아가 대홍수의 심판으로부터 살아남은 것은 '의인'이요 '당세의 완전한 자'라는 이유에서였다. 그러나 성서의 다음 장을 읽어보면 그에게서 의로움이란 눈을 씻고 봐도 찾아볼 길이 없으니, 오직 아집 가득한 고약한 늙은이의 모습만이 보인다.

> 노아가 농업을 시작하여 포도나무를 심었더니 포도주를 마시고 취하여 그 장막 안에서 벌거벗은지라. 가나안의 아비 함이 그 아비의 하체를 보고 밖으로 나가서 두 형제에게 고하매, 셈과 야벳이 옷을 취하여 자기들의 어깨에 메고 뒷걸음쳐 들어가서 아비의 하체에 덮었으며 그들의 얼굴을 돌이키고 그 하체를 보지 아니하였더라. 노아가 술이 깨어 그 작은 아들이 자기에게 행한 일을 알고 이에 가로되, 가나안은 저주를 받아 그 형제의 종들의 종이 되기를 원하노라.
> 또 가로되, 셈의 하나님 여호와를 찬송하리로다. 가나안은 셈의 종이 되고 하나님이 야벳을 창대케 하사 셈의 장막에 거하게 하시고 가나안은 그의 종이 되게 하시기를 원하노라 하였더라.
> 홍수 후에 노아가 삼백오십 년을 지냈었고 향년이 구백오십 세에 죽었더라.

홍수 후의 땅은 매우 기름졌을 터, 노아 일가의 첫 농사는 풍작이었다. 노아는 산물의 하나인 포도주를 먹고 취하였고 그 취기에 따른 열기에 옷을 홀랑 벗고 장막에서 취침하였는데, 공교롭게도 장막 안에 들어온 작은아들 함이 광경을 목격하게 된 것이었다.

"아이고. 아버지가 술에 취해 뻗었어. 헌데 아랫도리까지 벗어젖힌 꼴하고는….".

함이 형제들에게 한 말은 대충 이 정도였겠는데, 그와는 반대로 나머지 두 아들은 옷을 주워들고 뒷걸음질로 들어가 제 아비의 흉을 감춰주었다.

그런데 이후 술이 깬 노아가 보여준 행동은 다분히 지나침이 있었다.

"뭐야? 함이 뭐라 그랬다고? 이 나쁜 놈! 내가 저주를 내리노니 그놈을, 아니 그 아들놈을 제 형제들의 종의 종이 되게 하라!"

아비 스스로가 만든 추한 꼴을 목격하여 형제들에게 알린 죄는 이렇게 중한 것이었다. 차남 함도 아닌 그 아들 가나안을 특정인의 노예도 아닌 노예들의 노예로 만들어버린 처사, 이것이 의인이라 불린 노아가 보여준 행동이었다. 그리고는 뒤늦게 여호와를 들먹이며 자신의 흉을 가려 준 두 아들에 대한 포상을 이었다.

"셈을 옳은 길로 인도하신 하나님 여호와를 찬송하노라. 아울러 그 보답으로 함의 아들 가나안을 종으로 내리노니 네 맘껏 부려라. 야벳도 여호와께서 창대하게 하실 것이니 셈의 큰 장막을 쓸 권한을 주겠으며 가나안을 또한 종으로 내리노라."

당시에 이와 같은 연좌의 풍습이 있었는지는 알 수 없으나, 아무 죄도 없는 함의 어린 아들 가나안은 졸지에 만인의 노예로 전락한 처지가 돼버린 것이었다. 자신의 아비 함이 술에 뻗어 잠든 할아버지 노아의 흉을 가려주지 않았다는 오직 그 하나의 이유로써…

 이후 노아는 350년을 더 살다가 950세를 향수하고 죽었는데, 이제는 그가 당대의 의인으로 구원받은 이유가 분명해졌다 할 수 있겠다. 행적에서 보았듯, 노아 그는 '의(義)'와는 상당한 거리가 있는 인물이었다. 제 자식에게조차 자비롭지 않으며, 눈에 넣어도 안 아플 손자마저도 분풀이의 대상으로써 희생시킬 수 있는 위인, 그러한 그를 어찌 의인이라 할 수 있겠는가?

 결론으로서, '의인'을 배제하고 나면 그가 대홍수의 심판으로부터 구제될 수 있었던 이유는 '당세에 완전한 자'라는 것과 '하나님과 동행하였다'는 것이 되겠는데, 그 '완전함'과 '동행'이 무엇인지는 새삼 부연할 필요가 없으리라.

 한 가지 더 강조하고 싶은 것은 대홍수 때의 강우량으로서, 앞에 인용한 본문처럼 성서에 기록돼 있는 최고 강우량은 15큐빗이다. 따라서 강우량은 6,840mm 정도가 되며, 큐빗의 가장 큰 길이인 이집트 큐빗으로 환산해 봐도 8m를 넘지 못한다. 물론 이것이 엄청난 양의 강우임에는 틀림없을지니 땅 위의 기식(氣息)있는 모든 생물들에게 막대한 피해를 입혔을 것이다. 그러나 성서에서 말하는 내용처럼 지상의 모든 것을 덮을 만한 정도는 아니었으리니 기식있는 모든 생물들을 멸절시키지는 못했으리라.

노아 후손들의 번성과 분화

　이후 노아의 후손들이 번성하여 분화되는 과정과 남으로 이주하는 과정이 창세기 10장과 11장의 전반에 걸쳐 나타난다. 그리고 그 후손들의 대부분은 남으로 이주, 바닷가까지 이른다. 즉 아라랏 산을 중심으로 흩어져 살던 창조된 인류의 후손들이 남하하여 지금의 이라크 남부 해안까지 이르게 되었던 바, 드디어 인류 최초의 문명이라는 수메르 문명이 태동하게 되는 것이었다. 고고학적으로는 아르메니아 고원 일대의 원주민들이 남으로 이동하게 된 이유가 기후의 변화와 인구의 증가에 따른 식량 부족 때문이라 설명되고 있다.

　노아의 아들 셈과 함과 야벳의 후예는 이러하니라. 홍수 후에 그들이 아들을 낳았으니 야벳의 아들은 고멜과 마곡과 마대와 야완과 두발과 메섹과 디라스요, 고멜의 아들은 아스그나스와 리밧과 도갈마요, 야완의 아들은 엘리사와 달시스와 깃딤과 로다님[49]이라. 이들로부터 여러

---
49) 개역성경의 도다님은 로다님(Rodanim)의 오역.

나라 백성으로 나뉘어서 각기 방언과 종족과 나라대로 바닷가 땅에 머물렀더라.

함의 아들은 구스와 미스라임과 붓과 가나안이요, 구스의 아들은 스바와 하윌라와 삽다와 라아마와 삽드가요, 라아마의 아들은 스바와 드단이며 구스가 또 니므롯을 낳았으니 그는 세상에 처음 영걸이라. 그가 여호와 앞에 유능한 사냥꾼이 되었으므로 속담에 이르기를, "마치 여호와 앞의 니므롯 같은 유능한 사냥꾼이로라" 하더라.

그의 나라는 시날 땅의 바벨과 에렉과 악갓과 갈레에서 시작되었으며 그가 그 땅에서 앗수르로 나아가 니느웨와 르호보딜과 갈라를 정복하고 니느웨와 갈라 사이에 레센이라는 큰 성을 건축하였으며, 미스라임은 루딤과 아나밈과 르하빔과 납두힘과 바드루심과 가슬루힘과 갑도림을 낳았더라(블레셋이 가슬루힘에게서 나왔더라).

　노아의 후손 중 주목하여야 할 자는 당연히 니므롯이라는 유능한 사냥꾼일 것이다. 그는 노아의 차자(次子) 함의 후손으로서 뛰어난 활 솜씨를 바탕으로 하여 시날 땅에 큰 왕국을 건설한 것인데, 시날 땅이 티그리스와 유프라테스가 이루는 두 강 사이의 땅이라는 데에 학자들의 이견이 없는 것을 보면 그는 당대에 이미 메소포타미아 지역으로 이주하여 일정 지역을 장악한 것으로 보인다. 여기서 시날, 즉 메소포타미아의 지역적 정의는 다음과 같다.

　메소포타미아(Mesopotamia); 티그리스, 유프라테스의 두 강 유역 지방의 총칭. 아르메니아 고지(高地)의 남쪽 사면(斜面)에서부터 남쪽으로 약 600마일에 걸쳐 페르시아 만(灣)까지 펼쳐진다. Meso는 사이(間)라는 뜻. potamoi는 강(江)의 복수(複數). -ia는 땅(地)의 뜻으로 양하지방(兩河地方)으로 번역된다. 그 해안선은 고대에 있어서는 현재보다 약 60마일 북방의 우르 근방을 지나고 있었다. 메소포타미아의 북부는 앗시리아, 남부는 바빌로니아라 불리며 그 경계선은 대략 북위 34°의 선이다. 바빌로니아의 북부는 악카드, 남부 즉 메소포타미아 평야의 최남단은 수메르이다. 〈민중서간, '세계사대사전'〉

하지만 니므롯이라는 인물이 장악한 지역이 절대 메소포타미아 전역은 아닐지니 이는 위의 성서의 지명들이 반증한다. 그가 진출했다는 성서의 땅들, 즉 바벨[50], 악갓(악카드), 앗수르(앗시리아), 니느웨(니네베) 등은 모두 훗날의 지명이긴 하지만, 그 전부가 메소포타미아 북부에 치우쳐 있는 것을 보면 그의 권역은 바빌론 이북에 국한되었던 것이 확실하고, 레센이라는 수도 역시 티그리스 강의 상류 지역인 니네베 근방이었을 것이라 추정된다. 다만 니므롯이라는 영걸이 과연 누구인가에 대해서는 역사의 이전인 선사시대인 까닭에 달리 추정해볼 도리가 없다.

또 한 가지 주목해볼 대목은 블레셋, 즉 팔레스타인인(人) 역시 함의 후손인 가슬루힘에게서 나왔다는 내용이니, 지금은 서로 원수지간인 이스라엘과 팔레스타인이지만 그 뿌리는 같다는 것이다.

그리고 할아버지 노아에 의해 종이 된 소년 가나안 역시 불행한 가운데서도 후사를 이었던 바, 그 후손들과 영역은 다음과 같다.

---

50) 개역성경의 도다님은 로다님(Rodanim)의 오역.

가나안은 장차 시돈과 헷을 낳고 또 여부스 족속과 아모리 족속과 기르가스 족속과 히위 족속과 알가 족속과 신 족속과 아르왓 족속과 스말 족속과 하맛 족속의 조상을 낳았더니 이후로 가나안 자손의 족속이 흩어져 처하였더라.
가나안의 지경은 시돈에서부터 그랄을 지나 가사까지와, 소돔과 고모라와 아드마와 스보임을 지나 라사까지였더라. 이들은 함의 자손이라 각기 족속과 방언과 지방과 나라대로였더라.

이상을 볼 때, 비록 버림을 받았으되 가나안도 여러 후손을 퍼뜨렸음을 알 수 있는데, 그중에서는 훗날 근동의 대국으로 성장한 헷족, 즉 힛타이트 민족이 있어 크게 눈길을 끈다. 그런데 노아의 저주가 저 후대에까지 미친 것일까. 가나안의 후손들이 건설한 도시 중 소돔과 고모라의 두 도시는 핵폭탄에 의해 멸망하고 아드마와 스보임 역시 방사능에 오염돼 멸망하고 마는 바, 이는 뒷장에서 자세히 다루도록 하겠다.

이렇듯 노아의 세 아들은 자신들의 후손을 퍼뜨리며 분화해 나갔는데, 이 장에서 우리가 주목해야 할 점은 그 속에서 드러난 성서의 허구성이다. 이것은 우리가 성서를 읽으면서도 대관(大觀)에 휩쓸려 선뜻 눈치를 채지 못한 사실이기도 한데, 다름 아닌 이 장에서 순식간에 불어난 인구의 문제이다. 다시 말하자면 노아의 자손들은 불과 2~3대만을 거쳤음에도 그야말로 폭발적인 인구의 증가를 경험하고 있다는 것이니, 메소포타미아 북부를 아우르는 큰 왕국을 건설했다는 니므롯은 노아의 아들 함의 손자 대(代)에 지나지 않는다. 노아의 아들 3명이 아무리 다산을 하고 또 그 자식들이 다산을 했다 하더라도 고작 3대를 거쳐서는 국가와 민족은커녕 작은 도시 하나도 이루기 힘들었을 것이다. 그 이유는 새삼 말할 것도 없을 터, 여호와의 대홍수 심판 때 지상의 모든 호흡하는 생명체는 다 죽고 오직 살아남은 사람은 노아와 그 가족뿐이라고 되어 있는 까닭이다. 그럼에도 그 가족들은 3대째 이르러 넓은 영토의 왕국을 건설하였고, 그것도 넘쳐나 각기 방언과 종족과 나라대로 흩어질 채비를 하고 있는 것이다.

하지만 이 같은 엄청난 모순도 성서를 읽는 자의 경도성을 극복하면 쉽게 해결된다. 즉, 대홍수의 심판 때 많은 사람이 죽기는 하였으되 대부분이 저지대에 살던 사람들이었고, 고지대에 살던-이를테면 아르메니아 고원이나 아라랏 산 등지의-사람들은 다행히 화를 피할 수가 있었다는 말이다(홍수가 150일이라는 긴 기간을 지속하기는 했으되 강우량은 6,840mm 정도였다는 설명을 이미 마친 바 있다). 물론 여기에는 창세기의 시대에 살던 사람이 아담의 후손만이 아니라는 전제가 필요하지만 이를 더 이상 거론하는 것은 불필요할 듯 보인다.

바벨탑의 허구성과
문명의 새벽

다음으로 창세기 10장 21절부터는 노아의 장자인 셈의 계보가 이어지는데, 이 계보는 창세기 11장에 일층 소상히 소개되며 드디어 '이스라엘 민족의 아버지' 아브라함이 출현하게 된다.

그런데 이 10장과 11장으로 이어지는 셈의 족보 가운데는 인류의 이동 과정에서 일어난 대사건이 하나 끼어 있으니, 저 유명한 바벨탑에 관한 일화가 그것이다.

> 온 땅의 구음[51]이 하나요, 언어가 하나이었더라. 이에 그들이 동방으로 옮기다가 시날 평지를 만나 거기 거하고 서로 말하되, 자. 벽돌을 만들어 견고하게 굽자 하고 이에 벽돌로 돌을 대신하고 역청(瀝靑)으로 진흙을 대신하고 또 말하되, 자. 성과 대(臺)를 쌓아 대 꼭대기를 하늘에 닿게 하여 우리 이름을 내고 온 지면에 흩어짐을 면하자 하였더니 여호와께서 인간들이 쌓는 성과 대를 보시려고 강림하였더라.

---

51) 口音. 입 안을 통하여 몸 밖으로 나오는 소리.

여호와께서 가라사대, 이 무리가 한 족속이요 언어도 하나이므로 이 같이 시작하였으니 이후로는 그 경영하는 일을 금지할 수 없음이로다. 자. 우리가 내려가서 거기서 그들의 언어를 혼잡케 하여 그들로 서로 알아듣지 못하게 하자 하시고 여호와께서 거기서 그들로 온 지면에 흩으신고로 그들이 성 쌓기를 그쳤더라. 그러므로 그 이름을 바벨이라 하니 이는 여호와께서 거기서 온 땅의 언어를 혼잡케 하셨음이라.
여호와께서 거기서 그들을 온 지면에 흩으셨더라.

축약해서 말하자면, 동방(정확히는 동남방)으로 이동하던 셈의 후손들은 시날 평원을 만났고, 거기서 도시를 만들고 높은 탑을 쌓아 신의 권위에 도전한 죄로 언어가 혼잡해져 흩어지게 되었다는 것이다. 그러나 이 바벨탑의 일화는 여러 가지로 사실과 부합하지 않으니, 우선은 '바벨'이라는 단어가 그러하다.

우리에게는 이 바벨이라는 단어가 훗날 바빌론에 세워진 거탑(巨塔)에 연관되어 박혀 있는 듯한데, 이는 성서가 기록될 당시의 사람들도 그러했던 것 같다. 무엇보다 탑의 거대한 규모가 사람들의 뇌리에 각인된 듯하니, 이는 지금도 남아 있는 탑의 유지(遺址)와 고대 그리스의 사학자인 헤로도투스의 기록이 뒷받침한다.

먼저 이 탑의 규모와 형태에 대해 말해보자. 현대 고고학자들이 조사한 탑 기저층의 한 변은 91.4m로, 높이는 약 100m에 이르렀을 것이라 추정된다. 고대 최고(最高) 건축물인 높이 146m의 이집트 대(大)피라미드에 비견되는 규모랄 수 있다. 여기에 헤로도투스의 기록을 더하자면 7층의 탑신과 탑신을 감고 올라가는 나선형의 계단이 존재했다 하는 바, 전체적으로는 세장(細長)한 탑의 형태를 보였겠는데, 이에 시각적으로는 이집트의 대피라미드보다도 높아 보였을 것이다. 따라서 대(臺)보다는 탑의 호칭이 어울리는 건축물일 터, 다만 그 축조방식만큼은 창세기의 기록과 유사해 연와(煉瓦)로 쌓고 역청으로 접착한 것으로 되어 있다. 이른바 지구라트라는 건축물이었다. 하지만 유감스럽게도 이 탑은 창세기의 시대 및 배경과는 너무 거리가 머니, 탑이 건립된 시기는 신(新)바빌로니아의 왕 네부캇네자르 2세[52] 때로, 바빌론의 주신(主神) 마르둑에게 봉헌된 탑이다. 한마디로 말해 '그러므로 그 이름을 바벨이라 하니 이는 여호와께서 거기서 온 땅의 언어를 혼잡케 하셨음이라'라는 성서의 기록과는 아무런 상관이 없는 것이다. 무엇보다 창세기와는 최소 3500년이라는 엄청난 시간적 거리가 실재하고 있음이다.

 그렇다면 바벨은 무엇을 의미함일까? 이에 대해서는 이미 여러 학자들이 공언한 바 있으니, 바벨은 고대 악카드어(語)의 밥일이(Bab-ili), 즉 '신의 문(門)'에서 파생된 말로서, 이 밥일리를 '혼란시키다'는 뜻의 히브리어 동사인 발알(Balal)에 연관시킴으로써 위와 같은 성서의 기록이 남겨지게 됐다는 것이다. 물론 창세기의 민족 이동 시대에도 이와 유사한 탑이 있었을 수 있겠으나, 그 형식은 어디까지나 '신의 문'이었을 것이다. 즉 인간들이 신을 맞이하기 위한 신전 형식의 탑을 만들었을 것이라는 이야기이니, 실제로 학자들의 주장에 의하면 고대 수메르 문명의 중심도시인 우루크에는 기원전 3000년 이전, 최고 신 엔키에게 봉헌된 거대한 지구라트 신전이 존

---

52) 신바빌로니아의 가장 위대한 군주로 성서의 느부갓네살 왕. BC 605~562년.

재했었다 하며 아울러 옛 바빌론 근방 보르시파 지역에도 거대 유구(遺構)가 존재하는 까닭에 그 두 탑이 창세기 기록의 모태가 되지 않았을까 추정하기도 한다. 또한 실제로 이라크 남부 옛 우르 땅에는 달의 신 난나에게 봉헌된 기원전 2100년 경의 지구라트 신전이 현존하는데, 규모가 위에 거론된 건축물들에 크게 미치지 못함에도[53] 그 위용은 보는 이로 하여금 창세기의 기록을 회억(回憶)케 함에 부족함이 없다.

그러나 이 역시 창세기의 내용과 연관시키기에는 무리가 있으니, 무엇보다 키포인트인 '언어의 혼란'과의 직접적인 연관성을 찾아보기 힘들다.

사실 필자는 이 부분에 대해서 상당 기간 고민을 하였다. 일관된 필자의 주장인즉슨 성서의 내용을 있는 그대로 합리적으로 받아들이자는 것이기 때문이다. 그래서 주창하게 된 것이 하나님 외계인설이지만, 아무리 선진 과학기술을 지닌 외계인이라 할지라도 인간의 언어를 순식간에 혼잡케 만들기는 불가능한 일일 것이니, 이는 훗날 예수가 행했다는 오병이어(五餠二魚)의 기적만큼이나 불가사의한 일이다. 생각해보라. 아무리 신이며, 못지않은 존재라 할지라도 어찌 인간의 언어를 순식간에 혼잡케 만들 수 있으며, 떡 다섯 개와 물고기 두 마리를 어찌 순식간에 5천 명이 배불리 먹게 만들 수 있겠는가.

이에 대한 필자의 결론은 다음과 같다.

바벨이 악카드어 밥일리의 뜻, 즉 '신의 문'에서 나온 단어라는 데

---

53) 현재 남아 있는 층수는 2단이며(원래의 층수는 7단으로 추측됨) 밑변의 길이는 62.5x43m이다.

에 대해서는 필자도 이견이 없다. 그리고 후대인이 '혼란시키다'는 의미인 히브리어 '발알'과 혼동함으로써 위와 같은 기록이 남게 되었다는 주장에도 역시 동의한다. 구약이 고대 히브리어로 쓰였다는 것은 누구나 다 아는 사실인 바, 성서의 기록자가 구전돼 오는 민족의 이주사(移住史)를 기록할 때 그와 같이 해석했을 가능성이 충분한 까닭이다. 그러나 필자는 여기에 다음과 같은 배경을 덧붙이고 싶은즉, 그들 고대 유대인의 민족 이동기에 있었을 현지인과의 갈등이 그것이다. 다시 설명하자면 그들 셈의 후손들이 아르메니아 지방을 떠나 메소포타미아로 이주할 때, 이미 그곳에 정주하고 있던 현지인과의 심한 알력이 있었다는 것이다. 그 이주민들인즉 아무리 지구인과의 교합으로 인한 종족의 번성이 있었다 할지라도 조상인 아담의 피의 색깔을 지울 수는 없었을 것이다. 따라서 현지인과 상이한 외모에 따른 부적응을 피할 수 없었을 터인데, 그보다 더욱 문제가 된 것은 그들의 서로 다른 언어였다. 지금 남아 있는 점토판 등의 기록을 보면 메소포타미아 남부 본토인인 수메르인은 교착어(膠着語)를, 나머지 셈족의 악카드인, 바빌로니아인, 앗시리아인 등은 모두 굴절어(屈折語)를 사용하고 있다. 따로 설명할 것도 없이 한 민족의 언어란 쉽게 형성되고 변화하는 성질의 것이 아니니, 그중에서도 특히 어근(語根)과 접사의 결합으로서 문법적 기능을 나타내는 교착어(한국어, 일본어, 터키어 등)는 어형과 어미의 변화로서 문장을 만드는 굴절어(영어를 비롯한 거의 모든 유럽 나라의 언어)와 언어적 유사성이 전혀 없어 배우려 해도 결코 쉽게 배울 수 있는 말이 아니다. 만일 그처럼 이질적 언어를 쓰는 두 민족

집단이 공동의 목적으로써 한 도시를 건설한다면 그 민족들의 외형의 상이함을 떠나서라도 결코 성사될 수가 없을 터, 그들은 성 쌓기를 그치고 온 지면에 흩어질 수밖에 없을 것이다. 덧붙이자면, 19세기 유럽 제국의 발굴 결과, 수메르인의 두개골은 어느 한 민족의 특성이 아닌 여러 민족의 특성을 골고루 나타내고 있었는데, 그런 가운데서도 셈족 계통 민족에서 보이는 주된 특성은 배제돼 있었다고 한다.

그렇게 셈의 후손들은 시날 평원을 떠났던 것으로 보인다. 그것이 바벨탑의 사건 이후 다시 이어지는 창세기 11장 10절부터의 이주 기록인데, 그러나 그들이 시날 평원에 남긴 영향은 지대하였으니, 곧 '문명의 새벽'이 잉태됨이었다.

흔히 학자들은 메소포타미아 지방 남부에서 태동한 인류 최초의 도시 문명, 즉 수메르 문명의 돌출성에 대한 의문을 제기하고 있다. 어떻게 그 옛날, 기원 4천 년 전에 황량한 벌판 한가운데서 그토록 완전한 형태의 문명이 갑자기 탄생할 수 있었는가 하는 의문이다. 그도 그럴 것이, 남겨진 유물과 유적을 통해서 본 수메르의 문명은 실로 찬연한 것이니 법률, 농경, 관개(灌漑), 건축, 음악, 수학, 문학, 천문, 게다가 민주적 형식의 도시운영까지 그들의 문명은 현대와 비교해도 손색이 없는 거의 완벽한 모습을 보이고 있기 때문이다. 하지만 관점을 달리하여 그것을 외계인의 간접 영향, 즉 셈의 후손들이 가져온 선진문명의 유입이라고 보면 전혀 이상할 것이 없을 터이다. 또한 수메르의 많은 도시국가, 즉 에리두, 키시, 니푸르, 기르수, 라가시, 우루크, 우르, 보르시파, 우바이드 같은 도시 가운데는 본토인인 수메르인뿐만이 아니라 이주민인 셈족의 후손들이 세운 도시도 상당히 있었을 것이며,[54] 혹간은 상이한 언어와 풍습을 극복하며 현지인에 동화돼 살기도 했을 것이다.

여기서 한 가지를 더 덧붙이자면 이때 이들은 자신들의 설화, 즉 천지창조의 설화나 대홍수의 설화 등을 함께 전하였는데, 이것은 창조의 주체, 또는 대홍수 때 살아남은 사람 등의 이름이 현지어로 바뀌며 자연스럽게 윤색되어졌다. 이것은 훗날, 정확히는 AD 1848년에서 1876년에 걸쳐 행하여진 니네베 대도서관[55] 발굴 때에 고대 바빌로니아어(악카드어) 점토판으로서 출토되어 빛을 보게 되었는데, 저 유명한 '길가메시 서사시'가 바로 그것이다. 그리고 그중에 소개된 우트나피시팀이라는 노인을 주인공으로 하는 대홍수기(記)의 대강은 다음과 같다.

> 어느 날, 바빌로니아 수루파크에 살고 있던 우트나피시팀이라는 노인이 신의 전언(傳言)을 듣는다. 인간들의 행태에 분노한 최고 신 엔릴이 조만간 인류를 멸망시킬 대홍수를 일으킨다는 것이었다.

---

54) 필자와는 다른 관점과 접근법으로서 외계인의 지구내방설을 제기한 일본의 야지마 히데오(矢島輝夫)라는 학자가 있는데, 그는 위의 도시 중의 최초라고 알려진 에리두(ERIDU)를 외계인의 직접적인 영향을 받은 도시라고 주장한다. 그는 자신의 저서 '초문명(超文明·SUPER CIVILIZATIONS)'에서 에리두는 수메르어로 '멀리 떨어진 곳에 지어진 집'이라는 뜻이라 전제하고, 지구를 의미하는 영어의 EARTH나 독일어의 ERDE 등의 어원이 바로 이 에리두에서 왔다고 설명하고 있다.

55) 앗시리아의 아슈르바니팔 왕(BC 669-625)이 수도인 니네베에 건립한 대도서관. 위의 시기에 영국인 A. H. 레이야드가 이끄는 탐험대에 의해 발굴되었으며 2만점 이상의 점토판 기록물이 출토되었다.

우트나피시팀은 신의 지시대로 배를 만들었고 배가 완성되자 자신의 가족들과 생명이 있는 모든 씨앗을 배에 태운다. 그러고 나니 곧 비가 쏟아졌고, 이후 6일 동안 계속된 비는 7일 째 되는 날에 비로소 멈췄는데, 세상의 모든 생명 있는 것들이 절멸된 후였다.

우트나피시팀의 배는 7일째 되는 날 산꼭대기에 걸렸으나, 그는 배에서 내지 않고 물이 땅에서 사라졌는지를 확인하였다. 그리하여 처음에는 비둘기 한 마리를, 다음에는 제비 한 마리를, 끝으로는 까마귀 한 마리를 날려 보냈는데 돌아오지 않았다. 드디어 땅이 마른 것을 확인한 그는 가족들과 배에서 나와 신들에게 제물을 올렸다.

어떤가? 창세기의 그것과 놀랄 만큼 유사하지 않은가?

이에 현대의 개혁적 신학자들은, 성서의 대홍수기는 원래 바빌로니아 민족의 설화였으나 이것이 바빌론 포수 때 끌려간 유대인들에 의해 자신들의 설화로 편입되었다는 해석을 내놓기도 하였다. 우트나피시팀과 노아의 이야기는 그만큼 닮아 있었던 바, 어떤 식으로라도 답을 내놓지 않으면 안 되었기 때문일 것이다. 하지만 고뇌는 이해하되 실상은 오히려 그 반대이니 1914년 니푸르에서 발굴된 쐐기문자의 수메르 점토판에서도 같은 유(類)의 내용이 기록돼 있는 까닭이다. 길가메시 서사시가 기원전 7세기의 기록인 반면 수메르 점토판의 기록은 무려 기원전 25세기까지 올라가는 바, 이것이 바빌로니아 홍수기의 원전(原典)일 것임은 의심의 여지가 없다.

이 수메르 설화의 주인공 이름은 지우수드라이며 홍수에 관한 내용은 신기하게도 대동소이하다. 다시 말하자면 바빌로니아 이전인 수메르 시대에도 이미 대홍수의 설화가 존재했었다는 것이니, 그 전설 역시 이곳으로 이주한 셈족의 후예들에 의해 유입되었으리라는 것이 곧 필자의 생각이다. 이 점토판은 현재 미국 펜실베이니아 대학 도서관에 소장돼 있다.

그러나 현대 신학의 흐름에서 보자면, 아니 적어도 정통 성서고고학의 입장에서 보자면 필자의 이와 같은 연구와 주장은 어쩌면 다 소용없는 일인지도 모른다. 현대의 진보적 신학자나 성서고고학자들은 창세기의 첫 11장과 욥기의 내용을 이미 신화의 범위에 가둬 놓고 더 이상 끄집어내지 않기로 암묵적 합의를 보았기 때문이다. 말하자면 지금까지 필자가 득의로서 언급한 천지창조, 아담과 하와, 에덴동산, 카인과 에녹 왕국, 대홍수, 노아의 방주 등의 내용 및 반란을 일으키는 욥기의 뱀들이 모두 성서 밖으로 추출 당해 버리고 만 것이다.

그렇다면 진보적 신학자들이 이상의 것들을 제쳐놓은 이유는 무엇일까? 그들의 표면적 주장인즉슨 위의 것들의 내용이 너무 신화적이라는, 한마디로 비합리적인 내용이라는 것이다. 하지만 내면을 들여다보면 그 실상은 허무함이다. 위 성서의 내용이 결국은 수메르나 바빌로니아의 것들의 표절인 바, 아무리 연구해도 이를 극복할 수 없었던 것이다. 이를테면 천지창조는 수메르의 최고 신 엔릴의 작품이며, 아담과 하와와 뱀과 선악의 나무는 구체적으로 점토판의 그림에까지 등장한다. 에덴은 저들의 낙원 딜문(Dilmun)의 다른 이름이며, 대홍수나 방주의 이야기는 성서와 거의 판박이라 해도 지나침이 없다. 욥기의 막강한 뱀 리워야단은 티아마트라는 수메르 용의 갈음에 더도 덜도 아니다. 이런 것들이 그들의 연구를 접게 만든 이유였다.

 그러나 성서는 분명히 말하고 있다. 대홍수 후 살아남은 아라랏 산 인근의 민족들이 남으로 이동해 시날 평원과 바닷가에까지 이르렀다고.

 이에 필자는 재삼 부언한다. 그렇게 이동한 외계인들의 후손이 자신들의 선진 문물을 메소포타미아 지방에 전파했으며 이때 설화도 같이 묻어갔다고. 그리고 이것이 곧 수메르 문명이라고 하는 인류 최초의 문명을 탄생시켰으며 그들 설화의 모태가 되었다고.

외계인의

새로운 통치 방식,

족장 시대의 개막

점점 줄어드는 아담 후손들의 수명

아브라함의 가나안 이주에의 이유

아브라함의 이주 과정과 다시 나타난 비행선

아브라함의 애급 시절

롯과의 결별

사해 대전(死海 大戰)과 외계인의 개입

하나님께 식사를 대접하는 아브라함과
가나안 땅을 약속하는 하나님

이슬람의 태동

하나님이 피력한 구체적인 지구 지배 계획

계획을 실행하려 온 외계인들

핵폭탄에 멸망된 소돔과 고모라

중복되는 성서의 이야기들

아들 이삭을 얻는 아브라함과
하나님의 거듭된 이중 플레이

점점 줄어드는
아담 후손들의 수명

셈의 후예는 이러하니라. 셈은 일백 세 곧 홍수 후 이 년에 아르박삿을 낳았고 아르박삿을 낳은 후에 오백 년을 지내며 자녀를 낳았으며
아르박삿은 삼십오 세에 셀라를 낳았고 셀라를 낳은 후에 사백삼 년을 지내며 자녀를 낳았으며 셀라는 삼십 세에 에벨을 낳았고 에벨을 낳은 후에 사백삼 년을 지내며 자녀를 낳았으며 에벨은 삼십사 세에 벨렉을 낳았고 벨렉을 낳은 후에 사백삼십 년을 지내며 자녀를 낳았으며
벨렉은 삼십 세에 르우를 낳았고 르우를 낳은 후에 이백구 년을 지내며 자식을 낳았으며 르우는 삼십이 세에 스룩을 낳았고 스룩을 낳은 후에 이백칠 년을 지내며 자녀를 낳았으며 스룩은 삼십 세에 나홀을 낳았고 나홀을 낳은 후에 이백 년을 지내며 자녀를 낳았으며
나홀은 이십구 세에 자녀를 낳았고 데라를 낳은 후에 일백십구 년을 지내며 데라를 낳았으며 데라는 칠십 세에 아브람과 나홀과 하란을 낳았더라.

바벨탑의 일화에 이어 창세기의 내용은 곧바로 셈 후예들의 족보가 이어지고, 그 긴 족보의 끝은 아브라함으로 귀결되어진다. 그리고 이어서는 아브라함의 행적이 길게 소개되니 이른바 '족장시대'의 개막이다. 셈의 적손으로서, 다시 말하자면 아담의 적손으로서 고대 히브리인들을 이끌며 실질적인 족장으로서 살게 되는 아브라함의 행적이 시작되게 되는 것이다.

흔히들 아브라함을 이르길 이스라엘 민족의 아버지, 크리스트교의 아버지(가톨릭, 정교, 유대교 및 이슬람교의 아버지이기도 하겠지만)라고들 한다. 그만큼 그는 관계된 신앙과 민족의 뿌리로 여겨지고 있는데, 그의 개명(改名) 전 이름인 아브람이나 나중의 이름인 아브라함이나 모두 조상의 의미를 내포하고 있다.[56] 현대의 실증사학에서조차 아브라함의 존재는 구비(口碑)의 범주를 넘어 역사적으로 실재한 고대 이스라엘의 부족장으로 인정하고 있다. 다만 그가 활동했던 시기는 학자들의 견해가 조금씩 다른데, 대개는 기원전 18세기, 좀 더 좁히자면 기원전 1900~1750년까지가 일반적이다.

근자인 19세기에 들어 성서의 이야기에 자극받은 유럽 제국의 많은 탐험가들이 중동의 모래바람 속으로 뛰어들었다. 그중 아브라함이 살던 도시 우르는 1853년 영국인 J.E.테일러에 의해 이라크 남부의 텔 엘 무카야르[57]가 발굴됨으로써 최초로 조명을 받았고, 이후 20세기에 들어 대영박물관과 미국 펜실베이니아 대학의 후원을 받

---

56) 위 내용처럼 아브람은 차후 아브라함으로 개명돼 불리게 되는 바, 이하 필자의 책에서는 아브람으로 돼 있는 창세기의 전문(前文) 외에는 모두 아브라함으로 통일시켜 표기하였다.
57) Tell el-Muqayyar. 이라크 바그다드 남방 350km 지점의 평야지대로 '역청의 도시'라는 뜻을 지녔다.

은 영국의 C.L.울리가 1922년부터 12년간 텔 엘 무카야르 일대를 집중적으로 발굴함으로써 이곳이 곧 창세기의 우르이며 아브라함이 살던 도시임이 입증되었다. 이때 울리는 그곳에서 찾아낸 기원전 2000년 고바빌로니아 시대의 건물 유구를 아브라함이 살던 집으로 추정하기도 했는데, 그 진위는 차지하더라도 아브라함을 신화의 밖으로 끄집어내는 데는 부족함이 없었다. 신화가 역사가 되는, 문자 그대로의 역사적 순간이었다.

그런데 이 같은 울리의 성과는 지금껏 간과돼왔던 또 한 가지의 성서의 불편한 진실과 마주치게 하였으니, 결론부터 얘기하자면 성서 창세기의 시대가 현세로부터 너무 가까워졌다는 것이다. 성서에는 아담 이하 적손(嫡孫)들의 계보와 수명이 아브라함에 이르기까지 너무도 정확히 기록돼 있는 까닭에 창세기의 연대기를 추산해볼 수 있는데, 그것을 역추적할 근거가 비로소 생겨났던 것이다. 말이 나온 김에 앞서 소개한 아담의 계보를 다시 한 번 들여다보기로 하자.

아담이 일백삼십 세에 자기 모양 곧 자기 형상과 같은 아들을 낳아 이름을 셋이라 하였고 아담이 셋을 낳은 후 팔백 년을 지내며 자녀를 낳았으며 그가 구백삼십 세를 향수하고 죽었더라.

셋은 일백오 세에 에노스를 낳았고 에노스를 낳은 후 팔백칠 년을 지내며 자녀를 낳았으며 그가 구백십이 세를 향수하고 죽었더라.

에노스는 구십 세에 게난을 낳았고 게난을 낳은 후 팔백십오 년을 지내며 자녀를 낳았으며 그가 구백오 세를 향수하고 죽었더라.

게난은 칠십 세에 마할랄렐을 낳았고 마할랄렐을 낳은 후 팔백사십 년을 지내며 자녀를 낳았으며 그가 구백십 세를 향수하고 죽었더라.

마할랄렐은 육십오 세에 야렛을 낳았고 야렛을 낳은 후 팔백삼십 년을 지내며 자녀를 낳았으며 그가 팔백구십오 세를 향수하고 죽었더라.

야렛은 일백육십이 세에 에녹을 낳았고 에녹을 낳은 후 팔백 년을 지내며 자녀를 낳았으며 그가 구백육십이 세를 향수하고 죽었더라.

에녹은 육십오 세에 므두셀라를 낳았고 므두셀라를 낳은 후 삼백 년을 하나님과 동행하며 자식을 낳았으며 그가 삼백육십오 세를 향수하더라. 에녹이 하나님과 동행하더니 하나님이 그를 데려가시므로 세상에 있지 아니하더라.

므두셀라는 일백팔십칠 세에 라멕을 낳았고 라멕을 낳은 후 칠백팔십이 년을 지내며 자녀를 낳았으며 그가 구백육십구 세를 향수하고 죽었더라.

라멕은 일백팔십이 세에 아들을 낳았고 이름을 노아라 하여 가로되, 여호와께서 이 땅을 저주하시므로 수고로이 일하는 우리를 이 아들이 안위하리라 하였더라. 라멕이 노아를 낳은 후 오백구십오 년을 지내며 자녀를 낳았으며 그는 칠백칠십칠 세를 향수하고 죽었더라.

노아가 오백 세 된 후에 셈과 함과 야벳을 낳았더라. 홍수 후에 노아가 삼백오십 년을 지내었고 향년이 구백오십 세에 죽었더라.

이상을 계산해보면 아담이 만들어진 후, 그 후손인 노아가 아들 셈을 낳을 때까지의 시간은 1556년이다. 사람들이 천 년 가까이 살았기에 언뜻 장구해 보이는 세월이나 실상은 1500년이 조금 넘는 시간에 불과했던 것이다. 그리고 다시 앞에 소개된 셈에서부터 아브라함까지의 시간을 계산해보면 390년이다. 여기에 바로미터가 되는 아브라함 시대를 대입하면 그 생몰연대의 하한(下限)인 기원전 1750년을 대입해 봐도 기원전 3696년에 아담이 탄생한 셈인데,[58] 여기에 하나님이 세상을 만든 6일을 포함하면 기원전 3696년에 엿새를 더한 날에 저 태양과 달과 별을 포함한 전 우주, 그리고 이 지구의 모든 것이 만들어졌다는 얼토당토않은 결론과 마주하게 된다. 우리 인류가 왕성히 활동하여 수메르 문명을 이룩하고 이집트 문명 등을 탄생시킬 무렵에 우주와 지구가 만들어졌다는 얘기다.[59]

어불성설은 이뿐만이 아니다. 창세기의 연대기를 근거하자면 930살까지 산 아담은 노아의 아버지 라멕의 세대까지 생존했던 바, 아담 식구 중의 일부는 대홍수에 휩쓸려 수장 당하는 지경을 맞이하며, 아브라함은 노아의 아들 셈과 동시대를 살며 자신의 9대조 할아버지 셈으로부터 대홍수 당시의 무시무시한 참상을 옛날얘기처럼 전해 듣는다.

그럼에도 성서는 이 같은 모순을 아랑곳하지 않은 채 천연덕스럽게 아담으로부터 아브라함까지의 연대기를 이어나간다. 아니, 한 치의 틈도 없이 꽉 짜인 연대기는 기록에 대한 어떠한 틈입도 허용치 않을 기세일뿐더러 실재로도 오랫동안 그 기세가 통해 신약의 누가복음과 유다서 등에서도 구약 창세기의 족보는 그대로 답습된

---

58) 556+390+1,750=3,696
59) 실제로 1650년 영국국교회의 제임스 어셔 대주교는 위 창세기의 기록을 역산해 기원전 4004년 10월 23일 하나님이 이 세상을 창조하였다고 결론 내렸고, 이것은 19세기까지 별다른 의심 없이 굳게 믿어졌다.

다. 그러나 이를 그대로 안고 가기는 아무래도 무리였을 터, 근세기 들어 여러 학설들이 등장하였다.

당연히 창세기의 연대기를 보정하기 위한 학설들이었겠는데, 그리하여 어떤 이는 필사(筆寫) 과정에서의 오류를 들어 창세기 연대기의 누락설을 제기하기도 하고, 어떤 이는 창세기가 쓰였을 당시의 역법(曆法)인 바빌로니아 역법의 문제점을 제기하기도 하였다. 그리고 또 어떤 이는 당시의 사람들이 너무 오래 살았다는 점을 합리화한답시고 '당시의 한 해(Year)는 한 달(Month)을 의미한다'는, 이를테면 창세기의 최장수 인물인 므두셀라의 사망 나이는 969세가 아니라 80세로 봐야 한다는 주장을 펴 오히려 창세기의 햇수를 까먹기도 하였다. 반대로 '신이 천지를 창조하는 데 걸린 6일이라는 시간은 실제로는 6,000년'이라고 하는 이른바 성서 직역주의자라는 자들의 주장도 있었다. 물론 그 어느 것도 이렇다 할 만 한 것은 없다.

그렇다면 창세기 연대기의 이 거대한 오류는 과연 어떻게 처리함이 옳을까? 길게 생각할 것도 없이 이 같은 연대기는 현시점에 이르러 모두 폐기됨이 마땅하다. 굳이 누락되었다고 우길 필요도, 따로 보정할 필요도 없이 말이다. 필자가 이렇듯 과감한 주장을 하는 이유인즉슨, 이 같은 구약의 족보는 우리가 신약성서를 처음 펼쳤을 때 마주하는 예수의 족보만큼이나 무의미하다고 보기 때문이다.

보라. 신약성서 마태복음의 첫머리에는 아브라함에서부터 예수까지 이어지는 계보가 길게 열거되어 있다. 그것도 매우 자세히.

이처럼 인류의 아버지 아브라함의 적통을 잇는 예수에 대한 외경

(畏敬)의 발로였는지 한때는 구구단 외우듯 이 계보를 외우는 것이 유행한 적이 있었다. "아브라함은 이삭을 낳고, 이삭은 야곱을 낳고, 야곱은 유다와 그의 형제를 낳고…." 이런 식으로 읊다가 마지막에는 "엘리웃은 엘르아살을 낳고, 엘르아살은 맛단을 낳고, 맛단은 야곱을 낳고, 야곱은 마리아의 남편 요셉을 낳았으니 마리아에게서 그리스도라 칭하는 예수가 나시니라"로 마감한다. 하지만 생각해보라. 마태복음 첫 장이자 신약성서의 서두를 장식하는 이 장구한 기록은 그 얼마나 무의미하며 허망한 기록인가. 우리는 그 기록을 암송함에 있어 아브라함으로부터 시작하여 이삭과 야곱, 다윗과 솔로몬을 거쳐 어렵사리 예수의 아비 요셉에까지 도달하지만, 그러다 우리는 어느 날 문득 깨닫는다. 정작 예수는 동정녀 마리아에 의해 태어난 관계로 그 몸에는 아비 요셉의 피가 단 한 방울도 섞여 있지 않다는 사실을…

기원후에 쓰인 예수에의 계보도 이렇듯 허망하고 무의미한데 그 옛날에 쓰인 아담의 계보가 뭐 그리 대단하며 아브라함이 셈의 적통이라는 사실이 뭐 그리 중요한단 말인가.

마태복음의 계보에서 강조하자는 것은 예수가 유대인의 시조 아브라함과 이스라엘의 위대한 왕 다윗의 계보를 잇는 혈손(血孫)이라는 점이며, 창세기의 연대기에서 결론적으로 강조하는 것은 아브라함이 아담의 혈통이며, 아울러 살아남은 인류의 후손이자 노아의 장자인 셈의 직계라는 점이다. 예수에서부터 하나님까지 통틀어 올라간 누가복음의 계보에서 말하고 싶었던 것도 바로 이 같은 사실이다. 그러나 창세기의 연대기를 보다 자세히 들여다보면 이상의 족보는 금시 신빙성을 상실하고 마니 대표적인 경우가 바로 이 셈과 아브라함이다.

우선 셈의 경우를 보자면, 그가 노아의 장자라는 기록은 기실 그 사실관계가 불분명하니 오히려 야벳의 동생으로 짐작된다.

창세기 5장 32절을 보면 '노아가 500세 되어 셈과 함과 야벳을 낳았다'고 되어 있어 마치 셈이 장자인 것처럼 보이지만, 창세기 11장 10절에서는 '셈은 홍수 후 2년에 100세였다'고 되어 있는 바, 셈은 노아의 나이 502세 되던 해 출생했음을 알 수 있다. 홍수는 노아의 나이 정확히 600세 되던 해에 터졌기 때문이다.[60] 그렇다면 그가 500세에 낳은 아이는 함과 야벳 중의 한 사람이 될 터인데, 그런데 이중의 함은 창세기 9장 24절의 내용, 즉 '노아가 술이 깨어 그 작은 아들(가나안의 아비 함)이 자기에게 행한 일을 알고'에 따라 배제되게 되므로 노아의 장자가 되는 이는 야벳임을 알 수가 있다. 그러나 창세기 10장 21절을 보면 '셈은 에벨 온 자손의 조상이요 야벳의 형이라'고 기술돼 있는 바, 다시 전체적인 신빙성을 떨어뜨린다.

아브라함의 경우도 마찬가지이다. 창세기 11장 2절을 보면 '데라는 칠십 세에 아브람과 나홀과 하란을 낳았더라'고 되어 있어 마치 아브라함이 장자인 것처럼 보이지만, 전후 내용을 보면 그는 장자가 아닌 차자임을 알 수 있다. 창세기의 기록을 따르자면, 우선 나홀은 하란의 딸 밀가와 결혼을 했으므로[61] 나홀은 하란의 형이 아니라 오히려 하란과 큰 터울이 지는 동생임이 금방 파악된다. 나홀이 아무리 어린 나이에 혼인을 했더라도 갓난아이를 취할 수는 없을 것이기 때문이다.

---

60) 창세기 7:11
61) 창세기 11:29

그런데 이 하란에게는 또 롯이라는 아들이 있었으니 아브라함에게는 조카가 되는 사람이다. 롯은 아브라함이 75세의 나이로 하란[62]을 떠날 때 동행을 했는데,[63] 이후의 행적을 따르자면 롯과 아브라함의 나이 차는 20~30살 정도로 보이는 바, 롯의 아버지 하란이 아브라함의 동생일 수는 없다. 이렇게 보자면 아브라함의 아비 데라가 낳은 삼 형제의 순서는 하란, 아브라함, 나홀이 되어야 옳을 듯하며 적어도 아브라함이 장자가 될 가능성은 전무하다. 게다가 창세기 11장 32절에서는 아브라함의 아비 데라가 205세에 하란에서 죽었다고 했으나, 다시 12장 4절에서는 데라가 죽고 나서 아브라함이 75세의 나이로 하란을 떠났다고 돼 있는 바, 이 또한 크게 혼란스럽다. 왜냐하면 전술한 바와 같이 성서에는 데라가 70세에 아브라함을 낳았다고 기술돼 있으므로, 아브라함이 하란을 떠날 때 그 아비 데라는 아직 생존해 있었을 뿐 아니라 그 후 60년을 더 살다 죽었다는 결론이 나오기 때문이다.[64] 그럼에도 저 유명한 스데반은 자신의 설교에서 아브라함이 하란을 떠난 것은 그 아비 데라가 죽은 뒤라 하고 있는 바,[65] 혼란을 더욱 가중시킨다. 한마디로 말해 연대기가 모두 뒤죽박죽인 셈이다.

이에 필자의 결론인즉슨 불명확한 장자를 내세워 적은 부정확한 연대기를 굳이 신봉할 필요가 없음은 물론, 폐기되어도 절대 무방

---

62) 우르를 떠난 아브라함이 첫 번째로 도착해 살던 장소. 지금의 터키 산우르파 주(州)의 카르하에로 추측된다.
63) 창세기 12:4
64) 205(데라의 수명) − 70(아브라함의 출생 때의 데라의 나이) − 75(아브라함이 하란을 떠날 때의 나이) = 60
65) 사도행전 7:4

하다는 것이다. 그저 구약의 경우는,

'아담은 후손들을 퍼뜨렸는데, 그 가운데는 하나님과 동행한 에녹, 대홍수의 화를 모면한 노아, 그리고 그의 아들 셈의 후손인 아브라함이 있었다.'

신약의 경우는,

'예수는, 아브라함의 혈통이자 다윗의 후손인 정신적 아버지 요셉으로부터 교육을 받았다'는 한 줄 문장으로서도 모든 것이 대변될 터이기에.'

다만 이상 창세기의 연대기에서 한 가지 주목하고 싶은 것은 그 초창기에 비해 점점 줄어들고 있는 인간의 수명이다. 그리고 그 행간에는 있는 그대로를 적은 듯 보이는 순수함 외에 다른 어떤 의도도 숨어 있지 않아 보인다.

다시 살펴보자면 아담에서부터 노아까지의 계보에서는 승천한 에녹을 제외하고는 평균수명이 900세를 넘는다. 그러나 홍수 후 세대부터는 그 수명이 급격히 줄어들었으니 오직 셈만이 600살에 미쳤을 뿐, 그 후대는 잠시 400살 대를 유지하다 200살 대로 떨어지게 되고, 이후 더욱 줄어들게 된다.[66] 이후를 열거하자면 아브라함은 175세, 이삭은 180세, 야곱은 147세, 요셉은 110세로 죽더니 출애굽

---

66) 창세기 11:11-25

당시에 있어서의 평균수명은 70~80세가 되어 오늘날의 수명과 별 차이가 없게 된다.[67] 이는 시편 90장 10절의 '모세의 기도'에 기가 막히게 잘 묘사돼 있다.

우리의 년수가 칠십이요 강건(康健)하면 팔십이라도 그 년수의 자랑은 수고와 슬픔뿐이요 신속히 가니 우리가 날아가나이다.

그렇다면 우리 인간의 수명이 왜 그토록 급속히 줄어들어 하나님이 예고한 120년의 수명조차 채우지 못하게 된 것일까? 이에 대해서도 성서학자들의 주장은 구구한데, 그중 '대홍수로 인한 지구 생태계의 변화가 생명 감축의 주된 원인이 됐을 것'이라는 두루뭉술한 의견이 대세인 듯 보인다.

사실 그랬을는지도 모를 일이다. 창조된 이후 지속돼온 인간들의 긴 수명은 대홍수 이후 급격한 감소를 보였으므로 대홍수가 원인으로서 지목될 수도 있기 때문이다. 하지만 이런 종류의 의견은 하나님의 생각을 좇지 못한 결과라 볼 수 있으니, 하나님은 창세기 6장에서 분명히 예고한 바 있었다.

"너희들이 이처럼 제멋대로 피를 섞으면 나는 너희 사람들에 대한 보살핌을 포기하고 영원히 지상을 떠나게 될 것이다. 그러나 그렇게 되면 너희들은 지상의 뭇 인간의 육체와 다름없는 몸이 될 것인즉 수명은 120세로 제한될 것이다."라고.

---

67) 이것도 당대의 사람들에 비해서는 갑절 이상이 되는 수명이므로 그들의 장수 유전자는 꽤 오랫동안 지속된 셈이다. 아울러 이것은 매우 주목할 만한 사실이다.

다시 말하자면 아담의 후손들은 대홍수 후 지상의 진화된 인간들과의 교접을 피할 수 없게 되었던 바, 자연히 수명이 지상 인간들에 가깝게 변화될 수밖에 없었고, 그들 속에 지상 인간의 피가 짙어질수록 수명이 줄어들어 출애굽이 이루어진 기원전 1230년경에 이르러서는 지상 인간들과의 격차가 현저히 좁혀지게 된 것이었다.

이것은 과연 무엇을 의미하는가? 창세기의 기록이 구비와 전설의 시대를 넘어 바야흐로 역사시대에 진입하였음을 의미한다. 따라서 이제부터는 좀 더 정확한 잣대를 들이대어 성서를 재단해야 할 것이다.

셈의 계보는 8대손 데라에 이르러 다시 이렇게 이어진다.

데라의 후예는 이러하니라. 아브람은 나홀과 하란을 낳았고 하란은 롯을 낳았으며 하란은 그 아비 데라 보다 먼저 본토 갈대아 우르에서 죽었더라.

아브람과 나홀이 장가들었으니 아브람의 아내 이름은 사래며 나홀의 아내 이름은 밀가니 하란의 딸이요 하란은 밀가의 아비며 또 이스가의 아비더라.

사래는 잉태하지 못하므로 자식이 없었더라. 데라가 그 아들 아브람과 하란의 아들 그 손자 롯과 그 자부 아브람의 아내를 데리고 갈대아 우르에서 떠나 가나안 땅으로 가고자 하더니 하란에 이르러 거기 거하였으며 데라는 이백오 세를 향수하고 하란에서 죽었더라.

여호와께서 아브람에게 이르시되 너는 너의 본토 친척 아비 집을 떠나 내가 네게 지시할 땅으로 가라. 내가 너로 큰 민족을 이루고 네게 복을 주어 네 이름을 창대케 하리니 너는 복의 근원이 될지라. 너를 축복하는 자에게 내가 복을 내리고 너를 저주하는 자에게는 내가 저주하리니 땅의 모든 족속이 너로 인하여 복을 얻을 것이니라 하신지라.
이에 아브람이 여호와의 말씀을 좇아갔고 롯도 그와 함께 갔으며 아브람이 하란을 떠날 때에 그 나이 칠십오 세였더라.

이상의 내용에 대한 설명과 오류는 앞에서 이미 언급한 바 있으므로 새삼 부연할 필요가 없을 듯하고, 다만 한 가지 더 지적하고 싶은 점은 아브라함의 일족이 갈대아 땅 우르를 떠나 가나안 땅으로 간 것은 아브라함의 결심이 아니라 아비 데라의 결심에서 기인했다는 것이다. '데라가 그 아들 아브람과 하란의 아들 그 손자 롯과 그 자부 아브람의 아내를 데리고 갈대아 우르에서 떠났다'는 대목을 상기하자. 하지만 데라는 중도에서 객사하고 그 이주의 책임을 아브라함이 맡게 되는데, 이쯤에서 또 한 가지 짚고 넘어가야 할 점은 그들이 왜 굳이 우르 땅을 떠나 아무 연고도 없는 가나안 땅으로 가게 되었는가 하는 것이다.

유감스럽게도 이 중요한 이주에 있어서의 창세기의 설명은 인색하기 그지없으니, 위의 내용에서 보는 바와 같이 그저 여호와의 명령이 그러했다고 나와 있을 뿐이다. 그렇다면 그들의 조상신 여호와는 어찌해서 메소포타미아 우르 땅에 정착해 살고 있는 셈의 후손들에게 가나안 땅으로의 이주를 명령했던 것일까? 앞에서 살펴보았듯이 그들은 아주 오랜 세월 동안 우여곡절을 겪으면서 시날 땅 막다른 곳까지의 이주를 이룬 사람들이었다. 그리고 아브라함의 아비 데라가 죽은 하란 땅까지는 그들의 선조가 남하했던 코스를 무려 1,000km나 다시 거슬러야 되는 여정이었던 바, 그들에게는 괜한 불필요한 수고를 하게 만든 셈이었다.

그렇게 볼 때 여기서 우리는 여호와에게 다음의 두 가지 질문이 가능하다.

첫째. 왜 셈의 후손들에게 가나안 땅으로의 이주를 좀 더 일찍 명령하지 않았는가?

둘째. 왜 그들에게 아무 연고도 없는 가나안 땅으로의 이주를 명령했는가?

그리고 이 두 번째 질문에 곁들일 의문인즉슨 당시 가나안 땅은 무주공산이 아니라 이미 여러 선주민들이 정착해 살고 있는 땅이었다는 것이다.

이에 다음 장에서는 이를 집중해 고찰해보려 하는데, 그에 앞서 위에서 거론된 지명을 잠시 살펴보고 가기로 하자.
다들 아시다시피 가나안은 지금의 팔레스타인 지방, 즉 이스라엘국(國)과 팔레스타인 자치정부가 통치하는 땅을 말한다. 하지만 갈대아 우르는 생소한 바, 이에 대한 설명이 다소 필요할 듯싶다.
성서의 갈대아, 즉 칼데아는 우르를 포함하는 바빌로니아 남쪽 지방을 부르는 그리스어 칼다이아에서 유래된 말이라고 한다. 따라서 아브라함 시대에 그 지방이 칼데아라 불렸을 리는 없을 테고, 실제적으로는 기원전 625년 앗시리아의 총독 나보폴라사르가 세운 칼데아 왕조[68]가 흥왕하면서부터 불리기 시작했다는 것이 통설이다. 여기서 강조하고 싶은 말은 아니지만, 그렇게 보자면 창세기의 11장 이하는 적어도 기원전 625년 이후에 기록되었다 보는 것이 옳을 터, 창세기를 비롯한 구약의 오경(五經)[69]이 모세의 수기(手記)라 하는 둥의 얘기는 일단 터무니없는 말이 된다.

---

68) 신바빌로니아 왕조의 별칭. BC 625~538년까지 이어진 6왕 87년간의 셈 아리마이크인(人) 계(系)의 왕조.
69) 창세기, 출애굽기, 레위기, 민수기, 신명기.

아브라함의
가나안 이주에의 이유

필자가 제기한 첫 번째 질문, 왜 셈의 후손들에게 가나안 땅으로의 이주를 좀 더 일찍 명령하지 않았는가의 답은 여호수아기(記)에 나온다.

> 여호수아가 모든 백성에게 이르되, 이스라엘 하나님 여호와의 말씀에 옛적에 너희 조상들 곧 아브라함의 아비, 나홀의 아비 데라가 강 저편에 거하여 다른 신들을 섬겼으나 내가 너희 조상 아브라함을 강 저편에서 이끌어내어 가나안으로 인도하여 온 땅을 두루 행하게 하고 (여호수아 24:2-3)

무슨 말인가 하면, 여호와는 메소포타미아 땅에 정착한 셈의 후손들의 삶에 관해 처음에는 굳이 참견할 생각이 없었으나, 그들이 아브라함의 아비 데라 때에 이르러 강 너머의 다른 신들을 섬겼기 때문에 그들을 이끌어내어 가나안 땅으로 옮기게 만들었다는 것이다. 이것은 출애굽 이후 모세의 뒤를 이어 영도자가 된 여호수아가 히브리 백성들에게 한 말인데, 그러면서 여호수아는 다시 이렇게 언급한다.

> 만일 여호와를 섬기는 것이 너희에게 좋지 않게 보이거든 너희 열조(烈祖)가 강 저편에서 섬기던 신이든지 혹 너희의 거(居)하는 땅 아모리 사람의 신이든지 너희 섬길 자를 택하라. 오직 나와 내 집은 여호와를 섬기겠노라. (여호수아 24:15)

여기서 말하는 강은 고(古)바빌로니아 왕국의 수도였던 바빌론시(市)를 경유해 흐르던 유프라테스 강을 지칭한다. 고바빌로니아 왕국의 바빌론은 이미 그 흔적이 사라졌으나 신(新)바빌로니아 왕조의 바빌론을 상고(相考)해보면 '강의 저편'과 '다른 신'에 대한 해답을 찾아볼 수 있다. 즉 당시 도심(都心)에는 만신전(萬神殿), 즉 판데온이 있었고 바빌로니아 왕국의 주신인 마르둑은 판데온에 군림함은 물론 따로 궁전까지 있었던 바, 마르둑에 대한 숭배가 얼마나 지대했는지를 알 수 있다. 고바빌로니아 왕국 역시 마르둑이란 신을 섬겼는데, 기원전 2500~2000년 경 고바빌로니아의 아무르인은 우르와 우르크를 비롯한 유프라테스 강변에 산재하던 수메르의 옛 도시들을 모두 점령하고 남부 메소포타미아에 통일 왕국을 건설하였다(바빌로니아 제 1왕조). 이에 마르둑을 비롯한 아무르인의 제신(諸神)은 근동의 주신(主神)이 되었던 바, 강 너머 우르에 살던 셈의 후손들도 자연히 바빌로니아의 신들을 섬기게 됐을 것이라 짐작된다.

하지만 여호와로서는 자신이 만든 민족인 셈의 후손들이 이방의 신들을 섬기는 것을 절대 좌시할 수 없었을 터, 아브라함의 아비 데라를 이끌어내어 새로운 땅으로 이주하게 만든 것이 첫 번째 질문에 대한 해답의 전말이 될 터였다.

그렇다면 이번에는 두 번째 질문, 즉 여호와는 왜 그들에게 아무 연고도 없는 가나안 땅으로의 이주를 명령했는가에 대한 답을 할 차례이겠다. 그런데 그 전에 한 가지 더 의문을 제기하고 싶은 것이 있으니, 그 당시 그들 셈의 후손들이 과연 순순히 여호와의 명령에 따랐을까 하는 점이다.

노아의 후손들이 남하를 시작하여 메소포타미아에 정착하기까지 걸린 시간은 약 400년. 그들이 그동안 자신들의 신인 여호와에 대한 신앙을 견지했는지 어쨌는지는 모르겠으나, 앞에 나오는 바벨탑을 둘러싼 혼란 등을 상고해보면 그 오랜 세월 동안 저들이 애오라지 여호와만을 신봉했을 것으로 생각되어지지는 않는다. 그것을 미루어 짐작할 수 있게 해주는 것이 바로 위에서 인용한 여호수아기의 내용이겠는데, 이는 출애굽기에서 더욱 두드러진다. 그 당시 여호와의 도움으로 애굽을 탈출하고 더욱이 바다를 가르는 놀라운 신의 위력까지 경험한 히브리인들이었지만 모세가 십계명을 받으러 간 그 짧은 기간에도 다시 이방의 신을 숭배한 바 있던 그들이기 때문이었다.[70] 게다가 셈의 후손들은 이미 우르에서의 기반이 상당히

---

70) 출애굽기 32장

닦였을 터, 그 모든 것을 포기한 이주에의 결심이 결코 용이한 일은 아니었을 것이다.

  그렇다면 데라가 식솔들을 이끌고 북으로 올라간 데는 그와 그 가족들에게 무언가 강한 자극이 있었을 터였겠는데, 그것이 신약 사도행전에 나와 있다.

> 스데반이 가로되, 여러분 부형들이여 들으소서. 우리의 조상 아브라함이 하란에 있기 전 메소보다미아에 있을 때에 영광의 하나님이 그에게 보여 가라사대, 네 고향과 친척을 떠나 내가 네게 보일 땅으로 가라 하시니 아브라함이 갈대아 사람의 땅을 떠나 하란에 거하다가 그 아비가 죽으매 하나님이 그를 거기서 너희 거하는 이 땅으로 옮기셨느니라. (사도행전 7:2-4)

  여기서 주목해야 할 단어는 무엇보다 '영광'이란 단어일 터, 그 '영광'이란 단어는 다시 사도행전 22장에 출현한다.

> (사울이 다메섹을 향해) 가는데, 다메섹에 가까웠을 때에 오정쯤 되어 홀연히 하늘로부터 큰 빛이 나를 둘러 비취매 내가 땅에 엎드러져 들으니 소리 있어 가로되, 사울아 사울아 네가 왜 나를 핍박하느냐 하시거늘 내가 대답하되 주여 뉘시나이까 하니 가라사대, 나는 네가 핍박하는 나사렛 예수라 하시더라. (사도행전 22:6-8)

> 나는 그 빛의 광채로 인하여 볼 수 없게 되었으므로 나와 함께 있는 사람들의 손에 끌려 다메섹에 들어갔노라. (사도행전 22:11)

다들 아시다시피 이 대목은 사울이 회심하게 되는 유명한 장면이다. 또한 아시다시피 사울은 그동안 예수 믿는 자를 잡으러 다니던 관원이었고, 이날도 예수 믿는 자를 잡으러 다마스쿠스로 가는 도중 하늘의 큰 빛으로부터 난 광채를 맞고 눈이 멀게 된 것이었다. 얼마 뒤 다시 눈을 뜨고 바울이라는 이름으로 거듭난 사울은 이후 열혈 사도가 되어 예수의 복음을 전파하게 되는 바, 지금의 기독교와 가톨릭이 세계적인 종교가 된 것은 모두 바울의 활약에 기인한 바 큰 것이었다.

언급한대로 이상은 모두 사도행전, 즉 신약에 실려 있는 내용이다. 그리고 여기서 필자가 다시 주목하고자 하는 것은 스데반이 언급한 '영광'과 사울이 목격하였다는 '큰 빛'이 원문인 헬라어 성서에서는 같은 단어인 dovza(독사)로 기록돼 있다는 점이다.

차제에 말하거니와, 필자는 사울을 회심시켜 열혈 사도로 만든 하늘의 큰 빛은 대낮에 뜬 외계인의 비행선이요, 광채는 그곳으로부터 발사된 약한 레이저 광선이라 확신하는 바이다. 이에 크게 놀란 사울이 회심을 하게 된 것은 어쩌면 당연한 일이라고도 볼 수 있는 바, 필자는 이 비행선이 2000년 전의 아브라함과 아비 데라의 앞에도 나타나 그 위력을 과시해 보였다고 또한 확신한다.

아브라함의 이주 과정과 다시 나타난 비행선

앞에서 주지한 바와 같이 바빌로니아 우르로부터 가나안으로의 이주를 행한 주체는 데라였다. 그러나 그는 가나안에 도달하지 못하고 하란 땅에서 죽었으므로 이제는 아브라함이 그 이주의 책임을 맡지 않으면 안 되었다. 여호와가 나타나 동기와 용기를 재 고양시킨 것도 그때였으니, 그 내용을 다시 옮겨 쓰면 다음과 같다.

데라가 그 아들 아브람과 하란의 아들 그 손자 롯과 그 자부 아브람의 아내를 데리고 갈대아 우르에서 떠나 가나안 땅으로 가고자 하더니 하란에 이르러 거기 거하였으며 데라는 이백오 세를 향수하고 하란에서 죽었더라.
여호와께서 아브람에게 이르시되 너는 너의 본토 친척 아비 집을 떠나 내가 네게 지시할 땅으로 가라. 내가 너로 큰 민족을 이루고 네게 복을 주어 네 이름을 창대케 하리니 너는 복의 근원이 될지라. 너를 축복하는 자에게 내가 복을 내리고 너를 저주하는 자에게는 내가 저주하리니 땅의 모든 족속이 너로 인하여 복을 얻을 것이니라 하신지라.
이에 아브람이 여호와의 말씀을 좇아갔고 롯도 그와 함께 갔으며 아브람이 하란을 떠날 때에 그 나이 칠십오 세였더라.

말하자면 이때 여호와는 160쪽에서 보여 주었던 예수가 바울을 혼낼 때의 모습, 혹은 32~34쪽에 그려진 에스겔 앞에 출현할 때의 모습으로서 아브라함 앞에 나타난 것인데, 아마도 그 자리에는 아내인 사래와 조카 롯도 있었을 가능성이 크다. 그리고 그때 여호와의 비행선이 다시 나타난 것은 필시 그들이 하란에서 너무 오래 머물렀을 것이기 때문이니(계산해보면 약 15년), 이에 초심을 회복한 그들은 하란에서 모은 재물과 사람들을 이끌고 마침내 가나안 땅으로 들어서게 된 것이었다.

아브람이 그 아내 사래와 조카 롯과 하란에서 모은 모든 소유와 얻은 사람을 이끌고 가나안 땅으로 가려고 떠나서 마침내 가나안 땅으로 들어갔더라.
아브람이 그 땅을 통과하여 세겜 땅 모레 상수리나무 아래 이르니 그때에 가나안 사람들이 그 땅에 거하더라.
여호와께서 아브람에게 나타나 가라사대, 내가 이 땅을 네 자손에게 주리라 하신지라 그가 자기에게 나타나신 여호와를 위하여 그곳에 단을 쌓고 거기서 벧엘 동편 산으로 옮겨 장막을 치니 서(西)는 벧엘이요 동(東)은 아이라.
그가 그곳에서 여호와를 위하여 단을 쌓고 여호와의 이름을 부르더니 점점 남방으로 옮겨갔더라.

그 땅에 기근이 있으므로 아브람이 애굽에 우거(寓居)하려 하여 그
리로 내려갔으니 이는 그 땅에 기근이 심하였음이라.

이렇게 하여 아브라함은 일행은 동쪽 우르에서 하란을 경유, 드디어 서쪽의 가나안 땅에 도달하게 되었다. 그리고 그 중간쯤 되는 세겜[71]에 이르러 정착을 시도하였으나 그들은 그곳에 정착할 수가 없었다. 이미 그곳에는 선(先) 이주민, 혹은 원(原) 가나안인으로 보이는 사람들이 거주하고 있던 것이었다. 그럼에도 불구하고 이때 다시 나타난 여호와는 그 땅을 아브라함의 자손들에게 주겠다고 호언하고 있는 바, 이쯤에서 앞에서 미뤄두었던 두 번째 질문, 즉 여호와는 왜 그들에게 아무 연고도 없는 가나안 땅으로의 이주를 명령했는가에 대한 답을 생각해보도록 하자.

앞서 필자가 언급한 대로, 여호와가 셈의 후손들에게 이주를 명령했을 때 가나안 땅은 무주공산이 아니었다. 그것은 앞으로의 성서 내용이 수차례에 걸쳐 증언을 하겠지만, 비교적 평지인 세겜 땅을 버리고 벧엘 동편의 산기슭에 장막을 쳤다는 위 내용 하나만을 보더라도 그들이 거할 땅이 마땅치 않았음을 증거한다. 그들은 그렇게 겨우 자리를 잡고 차츰 남방으로의 살길을 찾은 것이었는데, 그나마도 기근이 심해 다시 이집트 땅으로 이주를 하지 않으면 안 되는 신세가 되었다. 가나안 땅이 이른바 '비옥한 초승달 지대'[72]에 위

---

71) Shechem. 예루살렘 북쪽 49km 지점의 구릉지대.
72) the Fertile Crescent. 미국의 동양학자 J.H.브리스테드가 처음 쓴 용어로, 당시에는 페르시아 만에서부터 팔레스타인까지 이어지는 초승달 형태의 평야지대를 지칭하였으나 이후 나일 강의 충적평야까지를 포괄하였다.

치한 옥토임에는 분명하지만, 따지고 보면 그것도 주위의 사막지대에 대비되는 상대적 개념일 테고, 또 아무리 좋게 본다 한들 절대 '젖과 꿀이 흐르는 땅'[73] 정도는 될 수 없었는데, 그나마도 곳곳에 원주민이 어엿한 땅이었던 것이다. 여호와는 그런 땅으로의 이주를 명령하였고, 또 주겠다고 장담을 하고 있는 것이었다.

필자는 그런 장담의 배후에 있음직한 한 도시를 주목한다. 그 도시는 사해 북쪽의 고도(古都) 예리코(Jerico). 즉 성서의 여리고시(市)는 그 옛날 여호수아가 침공했던 청동기 시대의 성이 있었던 곳으로 유명하지만, 이곳에는 그보다도 무려 5500년이나 앞선, 그러니까 지금으로부터 9000년 전에 건립된 하나의 도시가 있었다. 최초의 문명이라는 수메르 도시에 무려 3000년이 앞선 완벽한 형태의 성채 도시였다.

19세기 말의 전후, 아브라함의 도시 우르의 경우처럼 성서의 이야기에 자극을 받은 일단의 고고학자들이 예리코 유적을 찾아 나섰으나, 우르와는 달리 발굴이 시작된 지 1세기가 지난 오늘날까지 여호수아가 파괴했다는 성벽의 자취를 발견하지 못하였다. 그런데 1952년과 1958년의 사이, 수차에 걸쳐 발굴에 실패한 영국의 캐슬린 캐년 박사 팀은 일대의 어느 한 곳을 지목해 한없이 파내려갔는데, 그러던 중 지하 약 20m 지점에서 전혀 뜻하지 않았던 성채 도시를 발견하였다. 그들은 처음에 이곳을 당연히 여호수아가 침공한 예리코 성이라 여겼으나, 탄소-14 연대 측정법에 따른 결과, 기원전 7000년 전에 건설된 미지의 도시임이 판명되었다. 말하자면 우리

---

73) 성서에서 이르는 가나안 땅에 대한 아칭(雅稱)으로 구약성서에서 20차례 정도 거론된다.

인류가 돌멩이를 도구 삼던 시절에 건립된 오파츠(Opats)[74]의 도시가 출현한 셈이었다(유물 또한 다수 출토되었는데, 그중의 하나인 '장식된 인간 해골'이 대영박물관에 전시돼 있다가 2015년 서울 중앙박물관 특별전에 나들이 나온 적이 있다).

쉽게 지나쳤겠지만, 필자는 이미 이 책 55쪽에서 이 땅에 최초로 왔던 외계인들이 예리코 땅에 그 터전을 마련했다고 언급한 바 있다. 그리고 그들이 훗날 지금의 터키 동남부인 케이우누 지방으로 옮겨와 에덴을 건립했고, 카인은 그 동쪽인 아르메니아 쉬레크 지방에 에녹시(市)를 건설했다고 했다. 케이우누와 쉬레크 유적은 지금으로부터 9600~10000년 전의 유적이다. 그리고 예리코 유적은 9000년이니 케이우누와 쉬레크에 비해 400년에서 1000년이 뒤진다. 하지만 예리코 유적을 순수한 이 땅의 인간들, 다시 말해 신석기 시대의 인간들이 건립한 도시라 가정해보면, 그들이 영향을 받았을 알려지지 않은 문명, 즉 외계 세력이 인근에 존재했을 가능성을 결코 배제할 수 없다. 기원전 4000년 전에 개화된 수메르 문명조차 '돌연'이라는 표현을 쓰는 마당에 그보다도 무려 3000년이 앞서는 예리코를 그저 우연이라고 치부할 수는 없는 까닭이다.

여호와가 그곳을 제 땅처럼 여기며 '주겠다'고 나선 것도 바로 이

---

74) Out of place artifacts. 미국의 생태학자 I.T.샌더슨이 제안한 용어로, 문자 그대로 '시대에 맞지 않은 유물이나 유적'을 지칭한다. 예를 들자면 러시아에서 발견된 바위에 박힌 15억 년 전의 금속볼트, 미국 텍사스에서 발견된 암석에 묻혀 있는 4억5천 년 전의 철제망치, 백악기시대의 인류화석, 총알이 관통한 네안데르탈인의 두개골 화석, 이집트 아비도스 사원에 새겨진 현대식 무기(전투기 헬리콥터 잠수함)의 부조(浮彫) 등인데, 이에 관해 정립된 학문은 없으나 흔히 외계인의 고대 흔적에의 접근법으로 활용된다.

때문이 아닐까 하니, 이른바 무주물 선점(無主物 先占)의 원칙 같은 것을 들이대지 않더라도 여호와가 그 땅의 주인임을 당당히 주장하고 나서는 것이 절대 무리로 보이지는 않는다.

성서에서는 본문은 물론, 그 어느 행간에서도 그곳이 아브라함의 후손들에게 줄 수 있는 하나님의 땅인가에 대한 설명이 없다. 성서를 읽는 사람 역시 그것에 대해 의문을 가지지 않으며 따지는 사람은 더더욱 없다. 하지만 이것은 분명코 어떤 식으로라도 설명이 뒤따라야 될 아주 중요한 문제이다.

아브라함의
애급 시절

이제부터 성서의 내용은 아브라함의 이집트 이주기(期)의 이야기가 전개된다. 본문과는 상관이 없지만, 그에 앞서 한 가지 짚고 넘어가고 싶은 것이 있으니, 다름 아닌 개역성서의 전문에 걸쳐 쓰인 '애굽'이라는 단어에의 지적이다. 이 애굽은 따로 설명할 것도 없이 이집트의 한자 음역(音譯)인 애급(埃及)에서 나온 말일 텐데, 여기에는 한자어뿐 아니라 초기 일어 번역본의 낱말까지 끼어들어 애굽이라는 국적불명의 단어를 탄생시켰던바, Exodus의 표기에 있어서는 '출애굽기(出埃及記)'로 써야 하는 억지스러운 상황을 맞이한다. 이에 근자의 일부 신역(新譯) 성서에서는 칠십인역(七十人譯)[75]의 원문을 따라 '탈출기'로 번역하기도 하였으나 내용의 함축에 있어서는 역시 출애굽기만 못하다. 민수기에 있어서도 히브리어 원문의 '베미드바르(광야에서)'보다 Numbers를 의역한 민수기(民數

---

75) 기원전 3세기 이집트 알렉산드리아 도서관에서 번역된 히브리어 성서의 헬라어 번역본.

記; 이때 히브리인의 인구조사를 했으므로)가 나온 것처럼 말이다. 차제에 말이거니와, 따라서 애굽은 원래의 음역인 애급이 되어야 옳을 듯한 바, 이제부터는 그렇게 적기로 하겠다.

그가 애급에 가까이 이를 때에 그 아내 사래더러 말하되 나 알기에 그대는 아리따운 여인이라. 애급 사람들이 그대를 볼 때 이르기를 이는 그의 아내라 하면 나는 죽이고 그대는 살리리니 원컨대 그대는 나의 누이라 하라. 그리하면 내가 그대로 인하여 안전하고 내 목숨이 그대로 인하여 보존하겠노라 하니라.

아브람이 애급에 이르렀을 때에 애급 사람들이 그 여인의 심히 아리따움을 보았고 바로(파라오)의 대신들도 그를 보고 바로 앞에 칭찬하므로 그 여인을 바로의 궁전으로 취하여 들은지라. 이에 바로가 그를 인하여 아브람을 후대하므로 아브람이 양과 소와 노비와 암수 나귀와 약대(낙타)를 얻었더라. 여호와께서 아브람의 아내 사래의 연고로 바로와 그 집에 큰 재앙을 내리신지라.

바로가 아브람을 불러서 이르되, 네가 어찌하여 나를 이렇게 대접하였느냐. 네가 어찌하여 그를 네 아내라고 내게 고하지 아니하였느냐. 네가 어찌 그를 누이라 하여 나로 그를 취하여 아내로 삼게 하였느냐. 네 아내가 여기 있으니 이제 데려가라 하고 바로가 사람들에게 그의 일을 명하매 그들이 그 아내와 그 모든 소유를 보내었더라.

아브람이 애급에서 나올새 그와 그 아내와 모든 소유며 롯도 함께 하여 남방으로 올라가니 아브람에게 육축과 금은이 풍부하였더라.

아브라함의 활동 시기인 기원전 1900~1750년을 이집트의 연대기에 대비시켜 보면 공교롭게도 이집트 중왕국 시대, 특히 12왕조 일곱 왕의 치세에 속한다(BC 1991~1778). 그런데 또 공교롭게도 이때는 이집트의 왕권이 약화되고 제후의 세력이 발호하던 시기로 흔히 이집트의 봉건 제후시대라고까지 불리던 시기였던 바, 위 내용을 실제적 사건으로 간주한다면 왕인 파라오보다는 지방 제후나 호족에 접목시킴이 더 타당할 듯싶다. 그것이 내용상으로나 당대의 사회상으로나 개연성에 일층 더 접근돼 있다 여겨지기 때문이다.

여러모로 비열해 보이기도 하고, 한편으론 기아에 따른 절박함이 이해되기도 하는 씁쓸한 에피소드이긴 하지만, 여하튼 아브라함이 애급에서 나올 때는 전보다도 훨씬 풍족해질 수 있었다. 그러나 인간사 새옹지마(塞翁之馬)랄까, 다음 장을 보면 그것이 결코 좋은 것만은 아니었음을 알 수 있다.

롯과의 결별

그가 남방에서부터 발행하여 벧엘에 이르며 벧엘과 아이 사이, 전에 장막 쳤던 곳에 이르니 그가 처음으로 단을 쌓은 곳이라. 그가 거기서 여호와의 이름을 불렀더라.

아브람의 일행 롯도 양과 소와 장막이 있으므로 그 땅이 그들의 동거함을 용납하지 못했으니 곧 그들의 소유가 많아서 동거할 수 없었음이라. 그러므로 아브람의 가축의 목자와 롯의 가축의 목자가 서로 다투고 또 가나안 사람과 브리스 사람도 그 땅에 거하였는지라.

아브람이 롯에게 이르되, 우리는 한 골육이라. 나나 너나 내 목자나 네 목자나 서로 다투지 말자. 네 앞에 온 땅이 있지 아니하냐. 나를 떠나라. 네가 좌하면 나는 우하고 네가 우하면 나는 좌하리라.

이에 롯이 눈을 들어 요단 들을 바라본즉 소알까지 온 땅에 물이 넉넉하니 여호와께서 소돔과 고모라를 멸하기 전이었는고로 여호와의 동산 같고 애굽 땅과 같았더라. 그러므로 롯이 요단 온 들을 택하고 동으로 옮기니 그들이 서로 떠난지라. 아브람은 가나안 땅에 거하였고

> 롯은 평지 성읍들에 머무르며 그 장막을 옮겨 소돔까지 이르렀더라.

앞서 말한 바와 같이 가나안 땅에는 이미 원주민이 있었고, 또 다른 이주민도 있는 상태였다. 거기에 초지(草地)의 한계도 있었던 바, 외지인인 아브라함과 롯이 끼어들기에는 처음부터 무리가 있는 땅이었다. 그런데다가 이제는 가축까지 늘어난 상태가 되니 초지의 다툼은 격해질 수밖에 없었는데, 이에 아브라함이 택한 방법은 조카 롯과의 결별이었다.

성서에는 위와 같이, 이때 롯이 택해 이주한 곳이 요단 들판이었고 그곳에는 소알과 소돔과 고모라 성 등이 있었다고 되어 있다. 이상의 성채 도시들은 4,000년이 지난 오늘날까지 피난처의 대명사나 악(惡)의 도시로서 회자되고 있으나, 그곳이 지리적으로 정확히 어디인가는 지금껏 알려져 있지 않다. 그러나 위 문장을 살펴보면 그곳이 벧엘 동쪽에 있었다는 것, 그리고 가나안 땅 밖에 존재했으되 그 접경지대에 있었음을 확인할 수 있다. 이에 많은 학자에 의해 지목되는 곳이 지금의 요르단 남서쪽의 밥 엘 드라와 텔 누메이라의 두 곳으로, 이스라엘 쪽에서 보면 사해 동쪽의 땅이다. 즉 밥 엘 드라는 소돔으로, 텔 누메이라는 고모라로 비정하고 있는 것인데, 물론 그곳이 성서의 두 도시라 추정할만한 유적이나 유물은 발견되지 않았다. 하지만 곧이어 등장할 아드마와 스보임을 포함한 이들 다섯 개 도시 국가들이 존재할 수 있는 땅은 그곳밖에 없어 보이는 바, 딱히 그곳이 이곳이라 말할 수는 없어도 그 일대를 고대의 다섯 국가가 흥왕했던 곳이라 비정해도 큰 무리는 없을 듯하다.

아무튼, 이렇게 하여 롯은 아브라함과 결별하게 되었고, 이후 심란해 하고 있을 아브라함 앞에 여호와가 나타나 민족의 영토와 자손의 번영을 약속한다. 이어 곧 아브라함도 거처를 옮기니 남쪽 헤브론[76]에 위치한 마므레[77]마을의 상수리나무 수풀 우거진 곳이었다. 그런데 성서는 아브라함의 헤브론 이주에 앞서 훗날 여호와에 의해 멸망하게 될 소돔에 대해 다음과 같이 언급하고 있다.

  소돔 사람은 악하여 여호와 앞에 큰 죄인이었더라.

말하자면 그래서 소돔과 고모라를 파멸시켰다는 얘기인 바, 이는 매우 중요한 성서의 문장이라 하겠다. 그렇지만 이것이 흔히 교계에서 말하는, '소돔과 고모라는 악해서 멸망했다'는 식의 중요성은 절대 아니다. 아니 필자의 주장인즉 오히려 그와 전혀 다른 방향일지 모르니, 성서를 살펴보자면 위의 피상적 설명 외에는 소돔과 고모라의 두 도시가 파멸되어야 할 특별한 죄가 명시되어 있지 않기 때문이다.

 악하다면 과연 얼마나 악했기에 유황불에 초토화돼 멸망했을까? 과연 그 도시에서는 무슨 일이 벌어졌던 것일까? 도시가 사라져야 할 만큼 타락하였다면 누가 따로 멸망을 시키지 않아도 자연히 도태되었을 텐데… 그리고 그 정도로 타락했다면 인근의 소알과 아드마와 스보임 역시 깨끗할 수는 없었을진대 그곳들은 어떻게 파

---

76) 예루살렘 남쪽 36km에 위치한 옛 도시로서 기원전 18세기부터 마을이 형성되었다.
77) 헤브론에 속한 이방인 마을로 추정된다.

멸에서 비껴갈 수 있었을까?

　이것은 필자가 소돔과 고모라의 멸망을 대할 때마다 궁금히 여기던 문제였다. 하지만 아직은 두 도시의 멸망이 시작되지 않았던 바, 이 문제는 뒷장에서 다시 다루도록 하겠다.

사해 대전(死海 大戰)과 외계인의 개입

즈음하여 일대에서는 성서 역사상 최초의 대전쟁이 벌어지니 남방 동맹국과 북방 연합군의 격돌이었다.

당시에 시날 왕 아므라벨과 엘라살 왕 아리옥과 엘람 왕 그돌라오멜과 고임 왕 디달이 소돔 왕 베라와 고모라 왕 비르사와 아드마 왕 시납과 스보임 왕 세메벨과 벨라 곧 소알 왕과 싸우니라. 이들이 다 싯딤 골짜기 곧 지금 염해(鹽海)에 모였더라.
이들이 십이 년 동안 그돌라오멜을 섬기다가 제 십삼 년에 배반한지라 제 십사 년에 그돌라오멜과 그와 동맹한 왕들이 나와서 아스드롯 가르나임에서 르바 족속을, 함에서 수스 족속을, 사웨 기랴다임에서 엠 족속을 치고, 호리 족속을 그 산 세일에서 쳐서 광야 근방 엘바란까지 이르렀으며, 그들이 돌이켜 엔미스밧 곧 가데스에 이르러 아말렉 족속의 온 땅과 하산손다말에 사는 아모리 족속을 친지라.
소돔 왕과 고모라 왕과 아드마 왕과 스보임 왕과 벨라 곧 소알 왕이 나와서 싯딤 골짜기에서 그들과 접전하였으니, 곧 그 다섯 왕과 엘람 왕 그돌라오멜과 고임 왕 디달과 시날 왕 아므라벨과 엘라살 왕 아리옥 네 왕과 교전하였더라.

싯딤 골짜기에는 역청 구덩이가 많은지라 소돔 왕과 고모라 왕이 달아날 때에 군사가 거기 빠지고 그 나머지는 산으로 도망하매 네 왕이 소돔과 고모라의 모든 재물과 양식을 빼앗아 가고, 소돔에 거하는 아브람의 조카 롯도 사로잡고 그 재물까지 노략하여 갔더라.

도망한 자가 와서 히브리 사람 아브람에게 고하니 때에 아브람이 아모리 족속 마므레의 상수리 수풀 근처에 거하였더라. 마므레는 에스골의 형제요 또 아넬의 형제라. 이들은 아브람의 동맹한 자더라.

아브람이 그 조카의 사로잡혔음을 듣고 집에서 기르고 연습한 자 삼백십팔 인을 거느리고 단까지 쫓아가서 그 가신을 나뉘어 밤을 타서 그들을 쳐서 파하고 다마섹 좌편 호바까지 쫓아가서 모든 빼앗겼던 재물과 자기 조카 롯과 그 재물과 또 부녀와 인민을 다 찾아왔더라.

위 성서의 내용은 전쟁이 일어나게 된 원인, 동맹군과 연합군의 나라 이름과 왕의 이름, 그들의 진로와 전황 등이 소상히 묘사된 매우 생생한 고대 전쟁에의 기록이 되겠다. 하지만 위의 내용은 다른 기록에서는 전혀 찾아볼 길이 없고 따로 구전되는 내용도 없는, 오직 성서에만 기록되어 있는 내용이다. 따라서 이 청동기 시대의 대전쟁을 역사학적으로 해석하려면 비슷한 연대의 국가를 꿰맞추는 작업을 할 수밖에 없는 바, 그렇게 해석된 역사는 다음과 같다.

우선 전쟁을 일으킨 장본인이요, 침략의 주체가 되는 엘람 왕 그돌라오멜은 고(古)엘람왕국 시대(BC 2700~1600)의 어떤 왕이 되겠다. 엘람 왕국은 지금의 이란 서쪽에 있던 나라로, 당대의 메소포타미아 제국(諸國)과는 남서쪽으로 접해 있었다. 이 왕국은 소아시아의 산악민족인 아르메노이드계(系)가 이동해 세운 국가로 알려져 있는데, 기원전 2300년의 전성기에는 수메르 국가들을 점령하여 우르 제3왕조를 멸망시켰으며, 고왕국 에파르티 왕조 시절에도 메소포타미아를 침입하여 당대의 세력인 바빌로니아 제1왕조를 억압하였던 바, 엘람 왕 그돌라오멜을 에파르티 왕조의 한 왕이라고 비정함에 무리가 없을 듯하다. 역사적으로 증명된 아브라함의 시대인 기원전 1900~1750년과도 부딪침이 없다.

그렇지만 여기서 엘람 왕의 동맹이 됐다는 시날의 왕 아므라벨을 바빌로니아 제1왕조의 6대왕 함무라비로 비정함은 무리가 있다. 지역과 발음상의 유사성을 들어 흔히 아므라벨과 함무라비를 동일시하는 경향이 있으나, 이는 시기적으로도 맞지 않고 역사적 상황과도 맞지 않는다.[78]

그렇게 보자면 시날 왕 아므라벨은 시기적으로 바빌로니아 제1왕조의 초기 왕들 중의 한 명이 될 터이고, 엘라살 왕 아리옥과 고임 왕 디달 역시 당대에 존재했던 메소포타미아 도시국가 중의 왕이 될 것이다. 그들이 동맹을 맺고 엘람의 복속에서 벗어나려는 사해 인근의 도시국가, 즉 소돔과 고모라와 아드마와 스보임과 소알의

---

78) 함무라비의 재위 연대는 BC 1729~1676년으로 추정됨이 일반적이고, 오히려 함무라비 치세의 바빌로니아는 메소포타미아의 전 지역을 아우를 만큼 강성했던 바, 성서의 기록자는 앞서 갈대아의 경우처럼 후대의 명칭을 차용했을 가능성이 크다.

다섯 개 왕국을 친 것이었다.

　남방 동맹군은 파죽지세로 북상하여 가나안 동쪽의 여러 부족들을 차례로 휩쓸고 사해 동쪽 광야에까지 이르렀다가 여기서 다시 북상해 가데스 인근의 아말렉족(族)과 아무르족을 격파하였다.

　이렇듯 적들이 목전에 이르자 사해 인근의 다섯 개 도시국가들은 연합군을 결성하였고, 각국의 왕들이 군사들을 이끌고 나와 싯딤 골짜기에서 남방의 대군과 맞닥치게 되었는데, 그들 연합군의 주축은 그중의 큰 도시였던 소돔과 고모라의 군대였다.

　이에 싯딤 골짜기에서는 바야흐로 북방 제국의 운명을 건 대회전(大會戰)이 벌어졌으나 전황은 남방 동맹군의 일방적 우세였다. 전투에서 패한 북방 연합군의 군대는 각자의 살길을 찾아 도주하였으나 소돔과 고모라의 군대는 계곡의 역청 구덩이에 빠지고 나머지는 산으로 흩어짐으로써 전쟁은 남방 동맹군의 완승으로 마감되었다.

　소돔과 고모라를 비롯한 북방 도시국가에 입성한 남방 동맹군은 재물들을 노략질했고 그곳 사람들을 노예로 삼으려 끌고 갔는데, 그중에는 아브라함의 조카 롯도 있었다. 이에 아브라함은 조카 롯을 구하고자 사병(私兵) 318명을 이끌고 나섰던 바, 단이란 곳에서 적진을 야습, 남방 동맹군을 격파하고 다마스쿠스 근방의 호바까지 추격해 조카 롯을 구출함과 아울러 빼앗긴 재물과 붙잡힌 백성들까지 구해 왔다는 것이 위의 대사건의 전말이다.

　그런데 누구나가 공감하겠거니와 앞서 웅장히 전개되던 대전쟁의 서사시는 결말에 이르러 갑자기 희화화된다. 남방 동맹군의 병력이 얼마나 되는지는 그 숫자가 나타나 있지 않아 알 수 없지만, 명색이 메소포타미아·엘람 4개국의 동맹군이요, 북방 여러 부족을 휩쓸던 모양새로 볼 때 적어도 1만 명은 되었으리라는 것이 통설이다. 그러한 대군을 아브라함의 사병 318명이 패퇴시킨 것이었다.

물론 전쟁의 승패가 단지 병력의 숫자에 의해 결정되지 않음을 역사의 많은 전쟁이 증언해 준다. 그리고 성서의 내용을 보면 마므레에 살던 아무르인도 같이 출병했다 되어 있는 바, 아브라함의 병력은 그보다는 조금 더 많았을 것이다.

하지만 그렇게 보면 상황은 오히려 더 의아스러워지니, 아브라함이야 조카 롯 때문에 앞뒤 안 가리고 나섰다고 하나, 단지 동맹했다는 이유 하나만으로 마므레의 아무르인이 소수(少數)의 아브라함을 도와 출병했다는 것은 아무래도 납득이 어렵다.

그렇게 볼 때 결론은 단 하나, 아브라함의 출병에는 히브리인도 마므레의 아무르인도 아닌 제3의 세력, 곧 외계인의 세력이 개입했다는 것이다. 이는 생뚱맞은 이야기가 아니라 성서에서는 매우 빈번히 등장하는 일로서, 그 대표적인 예로서는 훗날 가나안 침공과정에서 일어난 여호수아의 군대와 아무르족 다섯 왕과의 전투 과정을 들 수 있겠다.

여호와께서 그들을 이스라엘 앞에서 패하게 하시므로 여호수아가 그들을 기브온에서 크게 도륙하고 벧호른에 올라가는 비탈에서 추격하여 아세가와 막게다까지 이르니라.
그들이 이스라엘 앞에서 도망하여 벧호른의 비탈에서 내려갈 때에 여호와께서 하늘에서 큰 덩이 우박을 아세가에 이르기까지 내리우시매 그들이 죽었으니 이스라엘 자손의 칼에 죽은 자보다 우박에 맞아 죽은 자가 더욱 많았더라. (여호수아 10:10-11)

　잠시 설명을 하자면, 기원전 1200년경, 여호와의 도움으로 이집트 노예생활에서 벗어난 히브리족은 자신의 고토(故土)로 돌아가기 위한 전쟁을 벌이게 되는데, 그 수가 아무르족에 비해 무척이나 열세였다. 히브리 침공군에 대항하기 위해 가나안 땅의 아무르족 다섯 왕국(예루살렘, 헤브론, 야르뭇, 라기스, 에글론)이 동맹군을 형성했기 때문이었다. 이에 두 종족이 격돌한 기브온 전투에서 여호와는 열세인 히브리족 군대를 도와 승리를 안겨주고, 패퇴하는 아무르 족의 머리 위에 우박 덩어리를 떨어뜨려 전멸시키는데, 위의 내용은 그 같은 전투상황을 묘사한 대목이다.

　여기서 우박이 일반적인 화학무기를 말하는 것인지, 아니면 실제로 냉각시킨 얼음덩이를 낙하시킨 것인지 정확히 파악되지는 않는다. 하지만 여호와가 자신만이 행할 수 있는 물리적인 힘을 동원해 아무르족을 살상한 것은 분명한 바, 외계인이 지구인들의 전투에 개입한 증거로서 부족함이 없다 할 것이다.

　이어지는 창세기의 본문 내용에서도 아브라함의 승리 배경에는 외계인의 존재와 개입이 있었음을 증언하고 있다.

아브람이 그돌라오멜과 그와 함께 한 왕들을 파하고 돌아올 때에 소돔 왕이 사웨 골짜기 곧 왕의 골짜기에 나와 그를 영접하였고 셀람 왕 멜기세덱이 떡과 포도주를 가지고 나왔으니 그는 지극히 높으신 하나님의 제사장이었더라.

그가 아브람에게 축복하여 가로되, 천지의 주재(主宰)시요 지극히 높으신 하나님이시여. 아브람에게 복을 주옵소서. 너의 대적을 네 손에 붙이신 지극히 높으신 하나님을 찬송할지로다 하매 아브람이 그 얻은 것에서 십분 일을 멜기세덱에게 주었더라.

여기서 갑자기 출현한 살렘 왕 멜기세덱이 누구인지 위 성서의 문장만으로는 도무지 알 수가 없다. 당시 하나님으로부터 선민(選民)으로 택함을 받은 자는 오직 하나님이 자신의 형상으로 만든 인간, 즉 아담의 피를 받은 아브라함뿐이었다. 즉 성서상으로 볼 때 아브라함은 당대 최고의 인간인 셈이었던 바, 그 위에 따로 존재할 수 있는 인간이란 있을 수 없는 상황이다. 그런데 이 멜기세덱이란 자는 언뜻 아브라함 위에 군림하는 듯 여겨지며, 하나님으로부터 직접 축복을 이끌어내기까지 한다. 게다가 그는 대적(大敵) 남방 동맹군을 쉽게 격파할 수 있게 해준 하나님의 위대한 능력을 찬양하라 명하고 있는 바, 이 전쟁의 배후에 하나님의 개입이 있었다는 것을 명확히 암시하고 있다. 이렇듯 선민 아브라함을 능가하며, 하나님과 직접 통교할 수 있는 능력과 권한을 가지고, 선민 아브라함으로부터 노획물의 십분의 일을 상납받을 수 있는 자격을 가진 자는 오직 하나, 하나님의 수하인 엘로힘일 수밖에 없다. 말하자면 멜기세덱은 가나안의 한 지역인 살렘, 곧 예루살렘 지역을 관할하며 지구상에 머물던 외계인, 즉 저들 나라의 지구 주재원이라 할 수 있는 사람인 것이었다. 이것이 아니고는 당대의 가나안 땅에서 여호와의 존재를 알고 있는-게다가 아브라함 위에 군림하는 듯한-이 사람을 설명할 길은 도저히 불가능하다.

성서의 다음 대목은 아브라함과 소돔 왕의 대화로 이어진다.

> 소돔 왕이 아브람에게 이르되, 사람은 내게 보내고 물품은 네가 취하라. 아브람이 소돔 왕에게 이르되, 천지의 주재시요 지극히 높으신 하나님 여호와께 내가 손을 들어 맹세하노니, 네 말이 내가 아브람으로 치부(致富)케 하였다 할까 하여 네게 속한 것은 물론 실오라기 하나 신발끈 하나라도 내가 취하지 아니하리라. 오직 소년들의 먹을 것과 나와 행동한 아넬과 에스골과 마므레의 몫을 제할지니 그들이 그 몫을 취할 것이니라.

보자면 그저 별것 아닌 듯하고, 또 살펴보아야 물욕과 탐심이 없는 아브라함의 지순함이 느껴지는 정도의 내용이지만, 위 대화는 매우 중요한 의미를 내포하고 있다.

앞에서도 소돔에 대한 강한 암시가 있었거니와, 성서에서의 소돔은 악의 도시의 대명사쯤으로 설명되고 있다. 하지만 그곳의 왕이란 사람은 전쟁의 전리품을 전혀 취하지 않고 오히려 자신의 백성들을 제외한 그 모든 것을 아브라함에게 양보하는 미덕을 보이고 있다. 지위를 이용해 남의 물건을 취하거나 빼앗거나 하지 않는, 설령 그것을 그저 시늉이라 치부해도 적어도 제스처는 취할 줄 아는 최소한의 양심을 지닌 사람이라는 것이다. 왕이 그렇다면 그곳의 백성들 역시 어느 정도의 도덕성은 갖췄으리라 여겨지는 것이 상식일 터, 기실 성서에서 보여준 소돔 사람들의 행위에서는 가히 죄라 이를 만한 것을 찾아보기 힘들다. 성서에서 소돔 사람들의 단적인 악행으로 치부한 이방인에 대한 단죄에의 기도[79]도 실은 자신들의 집단자위권의 발동에 더도 덜도 아닌 행동이었다. 뒤에 자세한 설명이 있겠거니와, 소돔 사람들이 이방인의 방문 시에 취한 행동, 즉 하나님의 사자들이 찾아왔을 때 보여준 그들의 행동인즉슨 성서를 읽는 많은 이의 공분(公憤)을 자아내지만, 그 부분을 다시 몇 번이고 읽어본 필자는 다시 몇 번이고 고개를 꼬며 묻는다. 소돔 사람들의 행동에서 과연 무슨 죄를 찾을 수 있겠는가를.

---

79) 창세기 19:1-11

하나님께 식사를 대접하는 아브라함과
가나안 땅을 약속하는 하나님

이후에 여호와의 말씀이 이상 중에 아브람에게 임하여 가라사대, 아브람아 두려워 말지니라. 나는 너의 방패요 너의 지극히 큰 상급이니라. 아브람이 가로되, 주 여호와여 무엇을 내게 주시려 하나이까. 나는 자식이 없으니 나의 상속자는 이 다마섹 엘리에셀이니이다. 아브람이 또 가로되, 주께서 내게 씨를 아니 주셨으니 내 집에서 기른 자가 나의 후사가 될 것이니이다.
여호와의 말씀이 그에게 임하여 가라사대, 그 사람은 너의 후사가 아니라 네 몸에서 날 자가 네 후사가 되리라 하시고, 그를 이끌고 밖으로 나가 가라사대, 하늘을 우러러 뭇별들을 셀 수 있나 보라. 또 그에게 이르시되 네 자손이 이와 같으리라.

전쟁 이후 하나님은 아브라함에게 다시 나타난다. 그리고 늙은 그에게 양자 엘리에셀을 대신할 혈육을 생산케 해줄 것을 약속하며 그 후손이 밤하늘의 별과 같이 번성할 것이라 자신한다. 이에 아브라함이 그에 대한 증빙을 원하자 하나님은 생뚱맞게도 자신이 먹을 식사를 요구한다.

> 여호와께서 그에게 이르시되 나를 위하여 삼 년 된 암소와 삼 년 된 암염소와 삼 년 된 숫양과 산비둘기와 집비둘기 새끼를 취할지니라. 아브람이 그 모든 것을 취하여 그 중간을 쪼개고 그 쪼갠 것을 마주 대하여 놓고 그 새는 쪼개지 아니하였으며 솔개가 그 사체 위에 내릴 때에는 아브람이 쫓았더라.
> 해가 져서 어둘 때에 연기 나는 풀무가 보이며 타는 횃불이 쪼갠 고기 사이로 지나더라.

그 익일로 짐작되는 날, 아브라함은 하나님이 자신에게 말한 어린 짐승의 요리를 모두 준비하였으며, 그날 밤에 그것들을 불에 구어 대접한다. 여기서 하나님이 먹었다는 내용은 없으나 식사를 한 것만은 분명해 보이는 바, 이는 훗날 아브라함에게 나타나 버터와 우유와 송아지 요리를 대접 받아 식사를 한 하나님과 천사들,[80] 그리고 소돔 성에 나타나 롯에게 무교병을 대접받아 먹은 두 천사[81]와도 같은 모습이다. 즉 그들이 육신을 지녔으며 지상의 인간들과 마찬가지로 육신을 유지하기 위한 식사를 했다는 것, 이것은 그들이 기독교에서 말하는 영적 존재가 아님을 증언하는 것이라 하겠다. 또한, 흥미롭게도 여기서는 하나님이 타고 온 비행체에 대한 묘사도 찾

---
80) 창세기 18:1-8
81) 창세기 19:1-3

아볼 수 있는데, 해가 져서 어두워진 때에 나타난 '연기 나는 풀무'가 바로 그것이다. 즉 연기 나는 풀무 같은 것에서 비춘 횃불 같은 라이트가 아브라함이 장만한 요리 사이를 훑으며 지나갔던 것이다.

그리고 이때 하나님은 아브라함의 후손에게 다음과 같은 구체적인 영토를 내릴 것을 약속한다.

> 그날에 여호와께서 아브람으로 더불어 언약을 세워 가라사대, 내가 이 땅을 애급 강에서부터 그 큰 강 유프라데까지 네 자손에게 주노니, 곧 겐 족속과 그니스 족속과 깃몬 족속과 헷 족속과 브리스 족속과 르바 족속과 아모리 족속과 가나안 족속과 기르가스 족속과 여부스 족속의 땅이라 하셨더라.

신학자들이 이르기를, 이때 하나님이 약속한 영토는 훗날 다윗 왕 때에 이르러 실현되었다고 한다. 즉 이스라엘 역사상의 최고전성기를 자랑했던 다윗 왕 때의 영토가 바로 위의 영역이라는 것이다. 하지만 역사학자들의 주장은 다르니 다윗 왕이 차지했던 영토는 지금의 이스라엘의 영역보다 조금 큰 정도라는 것이다.

부연하자면, 다윗의 재위 당시 남쪽 이집트와의 경계는 홍해와 가자 지구를 연결하는 지금의 국경과 거의 일치하는 바, 성서에서 언급한 애급의 강에 크게 미치지 못하였고, 동쪽으로도 겨우 요르단 강 서쪽 접경지대를 넘어설 정도였으므로 유프라테스 강에는 한참 이르지 못하였는데, 다만 북쪽으로는 지금의 이스라엘보다 넓어 골란 고원으로부터 다마스쿠스에 이르는 지역까지를 장악했다고 보고 있다. 말하자면 여호와가 아브라함에게 약속한 땅은 아직까지는 현실에 이르지 못했다는 것이다.

그리고 여기서 하나님이 약속한 땅은 결코 주인 없는 땅이 아니었으니, 위에서 언급한 땅의 주인만도 무려 10개 족속에 이른다. 그렇다면 그들이 절대 땅을 거저 내줄 리는 없을 터, 결국은 무력으로 빼앗겠다는 소리인데, 필자는 그 처음 타깃으로 소돔과 고모라를 비롯한 사해 다섯 도시가 희생되었다 보고 있는 것이다. 그것이 꼭 빼앗겠다는 의도는 아닐지라도 적어도 그 도시가 아브라함이나 후손들에게 큰 위협이 될 거로 생각하여 이를 먼저 진멸했을 가능성이 크다는 것인데, 이는 곧 이어 나올 소돔과 고모라의 멸망에서 자세히 설명하기로 하겠다.

만일 여기서 하나님이 정말로 그런 일을 벌였을까 생각하는 이가 있다면, 오직 주관적 판단으로서 세상을 멸한 노아 시대의 대홍수를 상기하라. 그리고 그 멸살(滅殺)에는 아무 죄 없는 어린아이들과 노아에 의해 선택되지 못한 수많은 동물이 포함돼 있었음을 상기하라. 혹시 그것이 너무 먼 시절의 일로서 전설이 가미된 기록으로 여기고 싶다면, 모세가 여호와의 명령을 받아 몰살시킨 애꿎은 미디안족을 상기하던지,[82] 아니면 여호수아에 의해 불태워지고 몰살된 여리고의 그 모든 것들을 생각하던지,[83] 아니면 신명기 20장의 내용을 상기하라.

오직 네 하나님 여호와께서 네게 기업으로 주시는 이 민족들의 성읍

---

82) 민수기 31:7-18
83) 여호수아 6:20-24

에서는 호흡 있는 자를 하나도 살리지 말지니, 곧 헷 족속과 아모리 족속과 가나안 족속과 브리스 족속과 히위 족속과 여부스 족속을 네가 진멸하되 네 하나님 여호와께서 네게 명한 대로 진멸하라. (신명기20:16-17)

이슬람의 태동

앞에서 여호와는 영토와 더불어 아브라함의 후사를 약속하는데, 이렇듯 후사를 생산치 못한 아브라함의 집안은 전혀 뜻밖에도 새로운 종교를 생산해 낸다.

아브람의 아내 사래는 생산치 못하였고 그에게 한 여종이 있으니 애굽 사람이요 이름은 하갈이라.
사래가 아브람에게 이르되, 여호와께서 나의 생산을 허락지 아니하셨으니 원컨대 나의 여종과 동침하라. 내가 혹 그로 말미암아 자녀를 얻을까 하노라 하매 아브람이 사래의 말을 들으니라. 아브람의 아내 사래가 그 여종 애급사람 하갈을 가져 그 남편 아브람에게 첩으로 준 때는 아브람이 가나안 땅에 거한 지 십년 후이었더라. 아브람이 하갈과 동침하였더니 하갈이 잉태하매 그가 자기의 잉태함을 깨닫고 그 여주인을 멸시한지라.

사래가 아브람에게 이르되, 나의 받는 욕은 당신이 받아야 옳도다. 내가 나의 여종을 당신의 품에 두었거늘 그가 자기의 잉태함을 깨닫고 나를 멸시하니 당신과 나 사이에 여호와께서 판단하시기를 원하노라. 아브람이 사래에게 이르되, 그대의 여종은 그대의 수중에 있으니 그대의 눈에 좋은 대로 그에게 행하라 하매 사래가 하갈을 학대하였더니 하갈이 사래의 앞에서 도망하였더라.

여호와의 사자가 광야의 샘 곁, 곧 술 길 샘물 곁에서 그를 만나 가로되, 사래의 여종 하갈아, 네가 어디서 왔으며 어디로 가느냐. 그가 가로되, 나는 나의 여주인 사래를 피하여 도망하나이다.

여호와의 사자가 그에게 이르되, 네 여주인에게로 돌아가서 그 수하에 복종하라. 여호와의 사자가 또 그에게 이르되, 내가 네 자손으로 크게 번성하여 그 수가 많아 셀 수 없게 하리라. 여호와의 사자가 또 그에게 이르되, 네가 잉태하였은즉 아들을 낳으리니 그 이름을 이스마엘이라 하라. 이는 여호와께서 네 고통을 들으셨음이니라. 그가 사람 중에 들나귀와 같이 되리니 그 손이 모든 사람을 치겠고 모든 사람의 손이 그를 칠지며 그가 모든 형제의 동방에서 살리라 하니라.

하갈이 자기에게 이르신 여호와의 이름을 감찰하시는 하나님이라 하였으니 이는 내가 어떻게 여기서 나를 감찰하시는 하나님을 뵈었는고 함이라. 이러므로 그 샘을 브엘라해로이라 불렀으며 그것이 가데스와 베렛 사이에 있더라.

하갈이 아브람의 아들을 낳으매 아브람이 하갈의 낳은 그 아들을 이름하여 이스마엘이라 하였더라. 하갈이 아브람에게 이스마엘을 낳았을 때에 아브람이 팔십육 세이었더라.

이미 주지의 사실이지만, 이때 하갈이 낳은 자식 이스마엘은 아랍 민족의 시조로 추앙받고 있다. 그리고 그의 후예인 이슬람교도들은 기독교도들과 알력을 빚기도 하는데, 그 가운데 유대교를 믿는 이스라엘이 있다.

앞서도 말했거니와 아브라함은 기독교, 이슬람교, 유대교, 이 세 종교의 아버지로 불린다. 그가 이들 종교의 뿌리가 되었기 때문이다. 그러나 이 아브라함의 산물은 결과적으로는 반목과 질시와 전쟁이다.

위의 내용에서 보면 하나님은 예전 아브라함에게 약속한 것처럼, 하갈에게도 그 후사의 후손이 크게 번성하여 셀 수 없을 정도로 만들어 주겠다고 약속하고 있다. 그러면서도 한편으로는, 그 손이 모든 사람을 치겠고 모든 사람의 손이 그를 칠 것이라 하였던 바, 하갈의 후사인 이스마엘로 인해 큰 알력이 있을 것임을 예언하고 있다. 이에 많은 기독교인은 하나님이 아브라함에게 후사를 약속하시고도 다른 한편으로는 이스마엘을 주어 이슬람을 탄생케 만든 까닭에 대해 혼란스러워 하고 있다. 필자가 만나 본 여러 신학자도 이에 대해 곤혹스러워하기는 마찬가지였다.

하지만 필자는 이 부분에 대해 나름대로 정확한 답을 내렸다. 사실 이것은 이 책 전체의 주제이기도 하다. 이에 대한 결론은 이 책을 풀어나가면서 자세히 다루도록 하겠으나, 다만 여기서 한 가지 말하고 싶은 것은 위의 혼란스러움이나 곤혹스러움은 모두가 여호와라는 인물이 전지전능한 신이라는 오해에서 비롯된 일이라는 것이다.

참고로, 위 성서의 내용에서 하갈이 말한 브엘라해로이(Beer Lahai

Roi)는 구 개역성서에는 앞 문장 그대로 '나를 감찰하시는 하나님의 샘' 쯤으로 해석되었으나, 개역개정판에서는 '살피시는 하나님의 샘'으로, 공동번역개정판에서는 '돌보아주시는 하나님 샘'으로 편의대로 해석되어 있다.

하나님이 피력한
구체적인 지구 지배 계획

그 후 13년이 지난 어느 날, 아브라함 앞에 나타난 여호와는 자신의 육성으로서 앞으로의 지구 지배 계획을 피력한다.

아브람이 구십구 세 때에 여호와께서 아브람에게 나타나서 그에게 이르시되, 나는 전능한 하나님이라 너는 내 앞에서 행하여 완전하라. 내가 내 언약을 나와 너 사이에 세워 너로 심히 번성케 하리라 하시니, 아브람이 엎드린대 하나님이 또 그에게 일러 가라사대,

내가 너와 내 언약을 세우니 너는 열국(列國)의 아비가 될지라. 이제 후로는 네 이름을 아브람이라 하지 아니하고 아브라함이라 하리니 이는 내가 너로 열국의 아비가 되게 함이니라.

네가 너로 심히 번성케 하리니 나라들이 네게로 좇아 일어나며 열왕(列王)이 네게로 좇아 나리라. 내가 내 언약을 나와 너와 네 대대후손(代代後孫)의 사이에 세워서 영원한 언약을 삼고 너와 네 후손의 하나님이 되리라. 내가 너와 네 후손에게 너의 우거하는 이 땅, 곧 가

나안 일경(一境)으로 주어 영원한 기업(基業)이 되게 하고 나는 그들의 하나님이 되리라.
하나님이 또 아브라함에게 이르시되, 그런즉 너는 내 언약을 지키고 네 후손도 대대로 지키라.

간단히 말해, 이제부터는 아브라함과 그 후손을 축으로 하는 패권주의(覇權主義)를 추구할 것이며, 자신 여호와는 그 후손들의 신으로서 영원히 군림하겠다는 것이었다. 그러면서 후손들을 늘이기 위한 방안으로 남자들의 할례를 명하는데, 더불어 이 할례를 자신과의 언약의 증표로 삼는다.

너희 중 남자는 다 할례를 받으라. 이것이 나와 너희와 너희 후손 사이에 지킬 내 언약이니라. 너희는 양피를 베어라. 이것이 나와 너희 사이의 언약의 표징이니라. 대대로 남자는 집에서 난 자나 혹 너희 자손이 아니요 이방 사람에게서 돈으로 산 자를 무론하고 난 지 팔일만에 할례를 받을 것이라.
너희 집에서 난 자든지 너희 돈으로 산 자든지 할례를 받아야 하리니 이에 내 언약이 너희 살에 있어 영원한 언약이 되려니와, 할례를 받지 아니한 남자, 곧 그 양피를 베지 아니한 자는 백성 중에서 끊어지리니 그가 내 언약을 배반하였음이니라.

이상을 보면 여호와는 자신의 혈손, 즉 아브라함과 롯과 같은 아담의 후손만을 자신의 사람으로 인정하던 지금까지의 일관된 기조에서 크게 벗어남을 알 수 있다. 즉 이제는 할례의 표식만 가지고 있다면 이방인이든 이방의 노예든 그 누구든지 자신의 사람이 될 수 있다는 것이었다.

이는 여호와가 모습을 보이지 않던 13년 동안의 정책 변화를 읽을 수 있는 대목이다. 다시 말하자면, 이제는 패권주의를 추구하기 위한 수(數)의 증가가 절실한 바, 굳이 아담의 후손만을 자신의 사람으로 고집하지 않겠다는 것이었다.

고백하거니와, 필자는 저들의 신 여호와의 전지전능함을 진작부터 뒷전에 두었음에도 이 부분에 있어서는 커다란 배신감을 떨칠 수 없었다. 단지 할례라는 형식으로서 인간들을 무작위로 받아들일 것이라면 앞서의 대홍수와 같은 순혈주의를 고집하기 위한 정책은 왜 시행하였는가 하는 의문 때문이니, 그로 인해 숨겨 간 수많은 생명을 생각하면 필자는 이 대목에서 울화부터 치민다.

그러면서도 또 여호와는 그들 부족을 이끌 족장만큼은 아브라함의 가계(家系)에서 이어지기를 희망하였던 바, 90세 넘은 아내 사라의 출산을 재삼 장담한 뒤 비행선에 오른다.

> 하나님이 또 아브라함에게 이르시되, 네 아내 사래는 이름을 사래라 하지 말고 그 이름을 사라라 하라. 내가 그에게 복을 주어 그로 열국의 어미가 되게 하리니 민족의 열왕이 그에게서 나리라.
> 아브라함이 엎드려 웃으며 속으로 이르되, 백 세 된 사람이 어찌 자식을 낳을까, 사라는 구십 세니 어찌 생산하리오 하며, 아브라함이 이에 하나님께 고하되 이스마엘이나 하나님 앞에 살기를 원하나이다.

하나님이 가라사대, 아니라. 네 아내 사라가 정녕 네게 아들을 낳으리니 너는 그 이름을 이삭이라 하라. 내가 그와 내 언약을 세우리니 그의 후손에게 영원한 언약이 되리라. 이스마엘에게 이르러는 내가 네 말을 들었나니 내가 그에게 복을 주어 생육이 증대하여 그로 크게 번성케 할지라. 그가 열두 통치자를 낳으리니 내가 그로 큰 나라가 되게 하려니와, 내 언약은 내가 명년 이 기한에 사라가 네게 낳을 이삭과 세우리라.

하나님이 아브라함과 말씀을 마치시고 그를 떠나 올라가셨더라.

뒤 성서의 내용에 다시 나오겠지만, 아브라함의 아내 사라는 당시 90세의 고령이기도 했거니와 이미 생리까지 끊겼으므로 임신이 아주 불가능한 상태이었다. 하지만 사라는 임신하였고 이듬해는 여호와의 장담대로 출산에 성공하는 바, 아마도 아브라함의 몸에서 추출한 조직 세포를 줄기세포로 하는 인간복제의 생산 방법이 시행되지 않았나 싶다. 이는 남자의 피부 등에서 추출한 세포를 배아 단계의 원시 세포로 만들어 불임 여성의 자궁에 착상시키는 방법으로서 현재의 기술로도 가능한 방법으로 알려져 있다. 저 우주의 천문학적 거리를 극복할 수 있는 저들 외계인의 경우라면 시술의 단계는 물론 이보다 훨씬 축약되었을 것이다. 또한, 이 같은 방법이라면 줄기세포를 이용한 영생까지도 가능하다는 이론에 이르는 바, 저들 외계인이 에덴 시절에 언급했던 '우리와 같은 영생'인즉 바로 이와 같은 것이 아니었나 생각되기도 한다.

정리를 하자면, 저들 외계인의 지구 지배 계획은 이 땅에서 영생을 하며 지구를 영구히 다스리는 것이었다. 그리고 그 일환으로써 자신들의 유전자를 받은 인간을 만들어 그들을 이용한 간접지배를 획책하였다. 이후 현생인류가 번성하고 혼잡해짐에 이 땅을 쓸어버리고 지구를 떠나긴 하지만, 차후로도 자신들의 유전자를 지닌 인간을 우두머리로 하는 간접지배의 계획을 버리지 않았다. 그것이 아브라함에게까지 이어져 온 것인데, 그 대(代)가 끊길 지금에 있어 인공수정의 방법으로서 자식을 낳게 하려는 것이었다.

계획을 실행하러 온 외계인들

여호와께서 마므레 상수리 수풀 근처에서 아브라함에게 나타나시니라. 오정(吾正) 즈음에 그가 장막문에 앉았다가 눈을 들어본즉 셋이 맞은편에 섰는지라. 그가 그들을 보자 곧 장막문에서 달려나가 영접하며 몸을 땅에 굽혀 가로되, 내 주여. 내가 주께 은혜를 입었사오면 원컨대 종을 떠나 지나가지 마옵시고, 물을 조금 가져오게 하사 당신들의 발을 씻으시고 나무 아래서 쉬소서. 내가 떡을 조금 가져오리니 당신들의 마음을 쾌활케 하신 후에 지나가소서. 당신들이 종에게 오셨음이니이다.

그들이 가로되, 네 말대로 그리하라.

아브라함이 급히 장막에 들어가 사라에게 이르러 이르되, 속히 고운 가루 세 스아를 가져다가 반죽하여 떡을 만들라 하고, 아브라함이 또 짐승 떼에 달려가서 기름지고 좋은 송아지를 취하여 하인에게 주니 그가 급히 요리한지라. 아브라함이 뻐터와 우유와 하인이 요리한 송아지를 가져다가 그들 앞에 진설(陳設)하고 나무 아래 모셔 서매 그들이 먹으니라.

그들이 아브라함에게 이르되, 네 아내 사라가 어디 있느냐. 대답하되, 장막에 있나이다.

그가 가라사대, 기한이 이를 때에 내가 정녕 네게로 돌아오리니 네 아내 사라에게 아들이 있으리라 하시니, 사라가 그 뒤 장막문에서 들었더라. 아브라함과 사라가 나이 많아 늙었고 사라의 경수는 끊어졌는지라 사라가 속으로 웃고 이르되, 내가 노쇠하였고 내 주인도 늙었으니 내게 어찌 낙이 있으리오.

여호와께서 아브라함에게 이르시되, 사라가 왜 웃으며 이르기를 내가 늙었거늘 어떻게 아들을 낳으리오 하느냐. 여호와께서 능치 못할 일이 있겠느냐. 기한이 이를 때에 내가 네게로 돌아오리니 사라에게 아들이 있으리라.

사라가 두려워서 승인치 아니하여 가로되, 내가 웃지 아니하였나이다. 가라사대, 아니다. 네가 웃었느니라.

아브라함에게서 시료를 채취하기 위함이었던 듯, 어느 날 외계인의 수장 여호와는 두 명의 수하와 함께 헤브론의 마므레 마을에 나타난다. 이를 보고 놀란 아브라함은 급히 음식을 마련해 그들을 대접하는데, 이때 여호와는 아브라함 부부에게 득남할 것임을 확언한다. 그리고는 소돔으로 향하는 바, 이것이 그들이 찾아온 진짜 목적이었다. 즉 그들은 소돔과 고모라의 두 도시를 멸하러 온 것이었는데, 여호와는 그런 사실을 아브라함에게 순순히 밝힌다.

그 사람들이 거기서 일어나서 소돔으로 향하고 아브라함은 그들을 전송하러 함께 나가니라.

여호와께서 가라사대, 나의 하려는 것을 아브라함에게 숨기겠느냐. 아브라함은 강대한 나라가 되고 천하 만민은 그를 인하여 복을 받게 될 것이 아니냐. 내가 그로 그 자식과 권속에게 명하여 여호와의 도를 지켜 의와 공도(公道)를 행하게 하려고 그를 택하였나니 이는 나 여호와가 아브라함에게 대하여 말한 일을 이루려 함이니라.

여호와께서 또 가라사대, 소돔과 고모라에 대한 부르짖음이 크고 그 죄악이 심히 중하니 내가 이제 내려가서 그 모든 행한 것이 과연 내게 들린 부르짖음과 같은지 그렇지 않은지 내가 보고 알려 하노라.

그 사람들이 거기서 떠나 소돔으로 향하여 가고 아브라함은 여호와 앞에 그대로 섰더니 가까이 나아가 가로되, 주께서 의인을 악인과 함께 멸하시려나이까. 그 성중에 의인 오십이 있을지라도 주께서 그곳을 멸하시고 그 오십 의인을 위하여 용서치 아니하시리이까. 주께서 이 같이 하사 의인을 악인과 함께 죽이심은 불가하오며 의인과 악인을 균등히 하심도 불가하니이다. 세상을 심판하시는 이가 공의(公義)를 행하실 것이 아니니이까.

여호와께서 가라사대, 내가 만일 소돔 성 중에서 의인 오십을 찾으면 그들을 위하여 온 지경을 용서하리라.

아브라함이 말씀하여 가로되, 티끌과 같은 나라도 감히 주께 고하나이다. 오십 의인 중에 오 인이 부족할 것이면 그 오 인 부족함을 인하여 온 성을 멸하시리이까. 가라사대, 내가 거기서 사십오 인을 찾으면 멸하지 아니하리라.

아브라함이 가로되, 내 주여 노하지 마시옵고 말씀하게 하옵소서. 거기서 삼십 인을 찾으시면 어찌 하시려나이까. 가라사대, 내가 거기서 삼십 인을 찾으면 멸하지 아니하리라.

아브라함이 또 가로되, 내가 감히 내 주께 고하나이다. 거기서 이십 인을 찾으시면 어찌 하시려나이까. 가라사대, 내가 이십 인을 인하여 멸하지 아니하리라.

아브라함이 또 가로되, 주는 노하지 마시옵소서. 내가 이번만 더 말씀하리이다. 거기서 십 인을 찾으시면 어찌 하시려나이까. 가라사대, 내가 십 인을 인하여도 멸하지 아니하리라.

여호와께서 아브라함과 말씀을 마치시고 즉시 가시니 아브라함도 자기 곳으로 돌아갔더라.

여기서 여호와는 자신이 이곳을 찾아온 이유가 지난날 아브라함에게 약속한 말, 즉 아브라함의 부족이 강대한 나라가 되고 천하 만민이 그로 인하여 복을 받게 될 것이라는 말을 이루게 하려 함이라고 천명한다. 그리고 그 시작으로서 소돔과 고모라의 두 도시를 진멸의 대상으로 택했다 부언한다. 자신이 들은 바로는(이를테면 멜기세덱과 같은 정보원에게) 그 두 도시가 죄악으로 가득 찼다 하는 바, 자신이 직접 본 후 그 결과가 정보와 같다면 이 두 도시를 멸하겠다는 것이었다.

여호와의 말은 이처럼 두 도시의 진멸은 자신이 직접 보고 결정하겠다는 전제를 단 것이었다. 그럼에도 여호와로부터 강한 파괴의 의지를 읽었음일까, 아브라함은 그 자리에서 여호와에게 매달리기 시작한다. 소위 세상을 심판하겠다는 자가 어찌 공의를 이행치 아니하고 의인을 악인과 함께 멸하려 하느냐, 그러한즉 그 도시에 살고 있는 의인을 위해서라도 도시를 멸망시키지 말라는 애원이었는데, 이때 그가 처음 제시한 숫자는 50명이었다. 즉 소돔시에 의인 50명이 있다면 도시를 멸망치 말아 달라는 것이었다.

  여호와는 아브라함의 부탁을 선선히 받아들인다. 그렇게 하겠다는 것이었다. 그러자 그 선선함에 불안감을 느낀 아브라함은 도시가 멸망치 아니할 수 있는 의인의 수를 악착같이 줄여나간다. 이에 마침내 10명으로 줄이는 데까지 성공하는 바, 가히 구약성서의 명장면으로 꼽을만한 아브라함의 눈물겨운 구명의 노력이 아닐 수 없었다. 하지만 이런 노력과는 달리 소돔시의 분위기는 험악하게 흘러간다.

핵폭탄에 멸망된
소돔과 고모라

날이 저물 때에 그 두 천사가 소돔에 이르니 마침 롯이 소돔 성문에 앉았다가 그들을 보고 일어나 영접하고 땅에 엎드리어 절하며 가로되, 내 주여. 돌이켜 종의 집으로 들어와 발을 씻고 주무시고 일찍이 일어나 갈 길을 가소서. 그들이 가로되, 아니라. 우리는 거리에서 경야(經夜)하리라.

롯이 간청하매 그제야 돌이켜서 그 집으로 들어오는지라. 롯이 그들을 위하여 식탁을 베풀고 무교병(無酵餠)을 구우니 그들이 먹으니라. 그들의 눕기 전에 그 성 사람 곧 소돔 백성들이 늙고 젊음을 막론하고 사방에서 다 모여 그 집을 에워싸고 롯을 부르고 그에게 이르되, 이 저녁에 네게 온 그 사람이 어디 있느냐. 이끌어 내라. 우리가 그들을 상관하리라.

롯이 문밖의 무리에게로 나가서 뒤로 문을 닫고 이르되, 청하노니 내 형제들아. 이런 악을 행치 말라. 내게 남자를 가까이 아니한 두 딸이 있노라. 청컨대 내가 그들을 너희에게로 이끌어 내리니 너희 눈에 좋은 대로 그들에게 행하고 이 사람들은 내 집에 들어왔은즉 이 사람들에게는 아무 짓도 하지 말라.

그들이 가로되, 너는 물러나라. 또 가로되, 이놈이 들어와 살면서 우리의 법관이 되려 하는도다. 이제 우리가 그들보다 너를 해하리라 하고 롯을 밀치며 가까이 나아와서 그 문을 깨치려 하는지라.

그 사람들이 손을 내밀어 롯을 집으로 끌어들이고 문을 닫으며 문밖의 무리들을 늙고 젊음을 막론하고 그 눈을 어둡게 하니 그들이 문을 찾느라고 곤비하였더라. 그 사람들이 롯에게 이르되 이 외에 네게 속한 자가 또 있느냐. 네 사위나 자녀나 성 중에 네게 속한 자들을 다 성 밖으로 이끌어내라. 그들에 대하여 부르짖음이 여호와 앞에 크므로 여호와께서 우리로 이곳을 멸하러 보내셨나니 우리가 멸하리라.

여기서 소돔 성문 앞에 앉아 있던 롯이 두 명의 천사를 발견한 것은 너무 공교로우니 아마도 삼촌인 아브라함으로부터의 다급한 전갈이 있었던 듯싶다. 곧 그곳을 방문할 두 명의 천사를 잘 접대하라는 식의…

이에 롯은 길에서 밤을 지내겠다는 두 사람의 천사를 겨우 집으로 데려와 식사와 잠자리를 마련하는데, 미처 효모를 넣어 구울 짬이 없었던 듯 효모가 들어가지 않은 빵, 즉 무교병을 대접한다. 사단은 그들이 그것을 먹고 잠자리에 들기 직전에 일어났다. 소문을 들은 성안 사람들이 롯의 집에 몰려와 그들을 내놓으라 아우성치며 롯을 협박하기 시작한 것이었다.

따로 설명할 것도 없이 소돔 시민들이 롯에게 몰려온 것은 그가 생김새와 복장이 다른 두 남자를 데려왔기 때문이었다. 이미 그들은 이방인(아브라함이나 롯)과 교류하는 상이한 모습의 어떤 인간군(群)에 대하여 듣고 보아 온 것이 있었는데, 이들이 야밤에 직접 성안에까지 찾아듦에 크게 위협을 느낀 것이었다. 덧붙이자면, 많은 학자들이 여전히 이 부분을 비역질과 같은 동성 섹스에 연관시키고 있는 바, 그것이 아니라면 소돔 사람들이 달리 원할 것이 무엇이었겠는가 묻기도 한다. 더불어, 롯의 두 딸을 거부한 것도 그 때문이라는 설명을 덧붙이기도 한다. 필시 소돔에서 비롯되었을 sodomy라는 단어를 사전에서 찾아보면 비역, 남색(男色)을 넘어 수간(獸姦)이란 해석도 나온다. 단언하거니와, 이 모두는 소돔이 타락한 도시라는 전제 하에서 빚어낸 창작들이다. 설령 그렇다 하더라도 그 같은 남색이 과연 도시를 멸망케 만들 만한 죄가 되는가 하는 것 또한 의문 사항이다. 그리고 만일 그것이 죄라면 도시는 급격한 인구 감소로써 스스로 멸망에 이르는 벌을 받았을지니, 따로 멸망을 시켜야 하는 수고도 필요치 않았을 법하다.

앞서도 잠깐 언급했었지만, 시민들이 롯의 집 앞에서 단체 행동에 나선 것은 낯선 방문자들에 대한 집단자위권의 발동이라 보아야 옳다. 이것은 그들 자신의 입으로도 말했거니와, 일단의 틈입자들이 자신들의 지배자가 되려 한다는 위기감을 느꼈기 때문이지 낯선 사람들과의 성관계를 위해 몰려든 것은 아니다. 이는 정말로 어처구니없는 해석일뿐더러 위 성서 문장 어디에서도 이를 유추할만한 대목이 발견되지 않는다. 생각해 보라. 아예 머리가 돈 변태 광인(狂人)이 아니고서야 남의 집 앞에 와서 비역질할 상대를 내놓으라

외칠 사람이 어디 있겠는가?

  그들이 방문자들을 내놓으라고 한 이유에 대해서는 영문판의 내용에서 그 의미를 훨씬 더 명확히 전달받을 수 있다.

"Get out of our way," they replied. And they said, "this fellow came here as an alien, and now he wants to play the judge! We'll treat you worse than them."

  문자 그대로, 에일리언(alien) 같은 놈이 들어와 우리의 저지(judge)가 되려하기에 그들을 상관하겠다는 것이다.
  이해할 수 없는 것은 이때 보여준 천사들의 행동도 마찬가지이다. 이른바 명색이 천사라는 자들이었으니 성난 소돔 시민들이 몰려들었을 때 이들은 보다 영적인 방법으로서 탈출을 꾀했음이 옳았을 것이었다. 말하자면 천사답게 말이다. 하지만 이들이 대응한 방법은 뭔가 물리적인 방법으로서 시야를 어둡게 만든 것이었으니, 필시 레이저 건과 같은 광학무기를 이용해 폭도들의 눈을 잠시 보이지 않게 한 것이리라.
  아무튼, 이 틈을 이용해 두 천사는 롯에게 다음의 말을 전한다.

  그 사람들이 롯에게 이르되, 이 외에 네게 속한 자가 또 있느냐. 네 사위나 자녀나 성 중에 네게 속한 자들을 다 성 밖으로 이끌어내라. 그들에 대하여 부르짖음이 여호와 앞에 크므로 여호와께서 우리로 이곳을 멸하러 보내셨나니 우리가 멸하리라.

두 천사의 말을 빌리자면 이들의 소돔 정찰은 요식행위 같은 것이었고 도시에의 진멸은 이미 결정된 계획이었음을 알 수 있다. 앞서 여호와가 아브라함의 감원(減員)을 쉽게 받아들인 것도 실상인즉슨 아브라함의 의견을 존중해서가 아니라 두 도시의 진멸이 기정화된 사실이기 때문일 가능성이 크다 하겠다.
 이후, 일은 매우 화급하게 돌아간다.

> 롯이 나가서 그 딸들과 정혼한 사위들에게 고하여 이르되, 여호와께서 이 성을 멸하실 터이니 너희는 일어나 이곳에서 떠나라 하되 그 사위들이 농담으로 여겼더라.
> 동틀 때에 천사가 롯을 재촉하여 가로되, 일어나 여기 있는 네 아내와 두 딸을 이끌라. 이 성의 죄악 중에 함께 멸망할까 하노라. 그러나 롯이 지체함에 그 사람들이 롯의 손과 그 아내의 손과 두 딸의 손을 잡아 인도하여 성 밖에 두니 여호와께서 그에게 인자(仁慈)를 더하심이었더라.

 롯은 급히 나가 딸들과 사위들에게 사태의 위급을 알렸으나 그들에게는 롯의 말이 밤중에 봉창 두드리는 소리로밖에 들리지 않았을 것이었다. 어쩔 수 없이 집으로 되돌아온 롯은 절망감에 주저앉아 버렸고, 이미 폭격 명령이 떨어진 다급한 마당의 두 천사는 롯을 재촉해 속히 피신하기를 권한다. 하지만 그럼에도 롯은 미적거렸던 바, 이에 천사들이 직접 롯과 그 가족들의 손을 이끌어 성 밖으로 대피시키기에 이르니, 일이 그만큼 긴박했던 것이었다. 그리고 성서에는 이때가 동틀 무렵이라고 명시하고 있는데, 뒤에 당연히 언급하겠지만, 이는 매우 귀중한 구절이다.

이어 천사들은 성 밖으로 대피시킨 롯과 그 가족들에게 다음과 같이 주의시킨다.

> 그 사람들이 그들을 밖으로 이끌어 낸 후에 이르되, 도망하여 생명을 보존하라. 돌아보거나 들에 머무르거나 하지 말고 산으로 도망하여 멸망함을 면하라.

곧 자세한 설명이 있겠지만, 이때 소돔과 고모라의 두 도시에 행하여진 불심판인즉 다름 아닌 저들의 비행선에서 투하된 핵폭탄이었다. 그런 까닭에 '피신하여 생명을 보존하되, 돌아보거나 들에 머물거나 하지 말고 산으로 도망하여 멸망함을 면하라'한 것이었으니, 핵폭탄의 열과 빛, 그리고 후폭풍과 방사능 낙진(落塵)을 모두 염두에 둔 지시였던 것이었다.

그러나 롯은 그 와중에서도 굳이 제3의 성을 피신처로 고집한다.

> 롯이 그들에게 이르되, 내 주여. 그리 마옵소서. 종이 주께 은혜를 얻었고 주께서 큰 인자를 내게 베푸사 내 생명을 구원하시오나 내가 도망하여 산까지 갈 수 없나이다. 두렵건대 재앙을 만나 죽을까 하나이다. 보소서. 저 성은 도망하기 가깝고 작기도 하오니 나로 그곳에 도망하게 하소서. 이는 작은 성이 아니니이까. 내 생명이 보존되리이다. 천사가 그에게 이르되, 내가 이 일에도 네 소원을 들었은즉 너의 말하는 성을 멸하지 아니하리니 그리로 속히 도망하라. 네가 거기 이르

기까지는 내가 아무 일도 행할 수 없노라 하였더라. 그러므로 그 성 이름을 소알이라 불렀더라.

롯이 소알에 들어갈 때에 해가 돋았더라.

 이상을 보면 롯은 자신이 살기 위해 제3의 성을 택했던 것이 아니라, 그곳에 살고 있는 백성들의 구명을 위해 그리로 갔음을 알 수 있다. 자신이 피신하기 가깝고 또 작은 성이니만큼 그곳은 멸하지 말라는 부탁이었는데, 다행히도 이를 천사들이 받아들인다. 이왕에 네 소원을 들어주었던 바, 네가 말하는 성을 멸하지 않을 터이니 빨리 그리로 도망가라는 것이었다. 그러면서 '네가 거기 이르기까지는 내가 아무 일도 행할 수 없다'고 덧붙였던 바, 그들이 비행선의 운행과 폭탄 투하의 역할까지 직접 수행하고 있음을 엿볼 수 있다. 그리고 여기서 또 한 가지, 사해 다섯 도시 중 소알은 가장 작은 도시였으며, 그때까지는 소알로 불리지 않고 다른 이름으로 불리었음을 알 수 있는데, the Holy Bible, New International Version에는 그 도시명을 벨라라 하고 있다.

 At this time Amraphel king of Shinar, Arioch king of Ellasar, Kedorlaomer king of Elam and Tidal king of Goiim went to war against Bera king of Sodom, Birsha king of Gomorrah, Shinab king of Admah, Shemeber king of Zeboiim, and the king of Bela (that is, Zoar). (창세기 14:1)

 그리고 같은 책의 위 내용, 즉 창세기 19장 21~22절에서는

He sad to him, "Very well, I will grant this request too; I will not overthrow the town you speak of. But free there quickly, because I cannot do anything until you reach it." (That is why the town was called Zoar.)

즉, 롯이 그곳으로 피신했기에 그로써 소알(Zoar), 즉 피난처라 불리게 되었다고 설명하고 있다.

그런데 과연 그곳이 롯과 그의 가족에게 피난처의 역할을 제공하였을까? 뒤에 곧 내용이 뒤따르겠지만, 유감스럽게도 소알 성은 그들에게 아무런 방패막이가 되지 못하였다. 천사들은 그저 급한 김에 그러라 했을 뿐, 그리고 되도록 피폭에서 벗어나게 하였을 뿐, 방사능의 낙진으로까지는 자유로울 수 없었기 때문이었다.

아무튼, 그들이 소알 성에 들어서기 무섭게 핵폭탄이 투하되었다. 그 투하된 곳이 소돔인지 고모라인지, 아니면 그 두 도시 전부인지, 그 두 도시의 사이인지 정확히 알 수는 없지만, 성서는 그 상황을 '해가 돋았다'는 짧고도 강력한 문장으로 표현하고 있다.

'해가 돋았다'. 이는 앞서 필자가 귀중한 구절이라 지목한 '동틀 때'와 분명히 대비된다. 앞서 롯은 제 딸과 사위들을 피신시키러 갔으나 그들이 농담으로 여긴 탓에 제 집으로 되돌아 올 수밖에 없었는데, 그때 이미 동이 트고 있었다. 그 후 미적대던 롯과 가족들은 성 밖으로 이끌려 나갔고, 이후로도 천사들과 실랑이를 벌임으로써 천사들이 조바심을 느낄 만큼 많은 시간이 소요되었다. 그리고 다시 소알 성으로 피신하였던 바, 그들이 소알에 이르렀을 때는 동이 트고도 한참이 지난 시간임을 알 수 있다. 그런데 이때 해가 떴다 하는 바, 이 해는 태양을 말함이 아님을 알 수 있다.

 그렇다면 이때 뜬 해는 과연 무엇일까? 물어보나 마나 그것은 핵폭탄의 폭발 시에 생기는 동그란 버섯구름일 터, 성서의 기록자는 구전돼 오던 이 최상의 표현을 그대로 기록에 옮긴 것이라 볼 수 있겠다. 그리고 이를 미루어 보면 투하된 핵폭탄은 1기였으며, 또 이를 미루어 보면, 아울러 사해 5 도시 가운데서 소돔과 고모라만이 유독 거론되는 것을 보면 폭탄의 투하지점은 그 두 도시 사이였을 가능성이 크다 하겠다.

 이후의 상황은 다음과 같다.

> 여호와께서 하늘 곧 여호와에게로서 유황과 불을 비같이 소돔과 고모라에 내리사 그 성들과 온 들과 성에 거하는 모든 백성과 땅에 난 것을 다 엎어 멸하셨더라. 롯의 아내는 뒤를 돌아본고로 소금기둥이 되었더라.
>
> 아브라함이 그 아침에 일찍이 일어나 여호와의 앞에 섰던 곳에 이르러 소돔과 고모라와 그 온 들을 향하여 눈을 들어 연기가 옹기점 연기 같이 치밀음을 보았더라.
>
> 하나님이 들의 성들을 멸하실 때에, 곧 롯의 거하는 성을 엎으실 때에 아브라함을 생각하사 롯을 그 엎으시는 중에서 내어 보내셨더라.
>
> 롯이 소알에 거하기를 두려워하여 두 딸과 함께 소알에서 나와 산에 올라 거하되 그 두 딸과 함께 굴에 거하였더니

여호와는 고공(高空)에서 핵폭탄을 투하했고 (—from the Load out

of the havens), 지표 가까이서 폭발한 핵폭탄은 유황과 불을 비 같이 두 도시에 퍼부었다. 아울러 이어진 후폭풍은 유황불과 함께 그 성들과, 온 들판과, 성에 사는 모든 사람과, 땅에 난 것을 다 엎어 멸하는데, 아비규환의 뒤가 궁금해 행동이 처졌던 롯의 아내는 불행히도 방사능에 피폭되어 몸이 굳어버리고 말았다. 마치 가까운 사해에 늘어선 저 소금기둥처럼…

죄 없는 '죄악의 도시' 소돔과 고모라는 이렇게 처참히 파괴되었다. 당시 아브라함은 헤브론에 있었기에 이상의 광경을 볼 수는 없었으나, 그가 여호와를 만났던 장소에서 목격된 폭연(爆煙)은 그 두 도시의 참상을 증언하고도 남음이 있었다. 마치 질그릇 굽는 옹기가마의 연기처럼 빽빽이 치밀어 오르는 검은 연기가 멀리 헤브론에서도 생생했던 것이었다.

소돔과 고모라, 이 두 도시의 시민 가운데 오직 롯과 그의 두 딸만이 천사들의 덕에 살아남을 수 있었지만, 다만 그들이 대피한 소알은 더 이상 피난처가 될 수 없었다. 그 성이 두 도시로부터 떨어져 있어 열과 불과 후폭풍으로부터 무사할 수 있었을는지는 모르겠으나 방사능의 오염으로부터는 안전할 수 없었기 때문이었다. 이것은 사해 다섯 도시 중의 나머지 두 도시, 즉 아드마와 스보임이 사라지게 된 원인과도 상통하는 것이었다.

이에 롯은 결국 소알에서 나와 처음에 천사가 권유한 것처럼 산의 동굴에서 생활하게 되는데, 어쩌면 이것은 방사능으로부터의 최상의 보호책이었을 것이었다. 하지만 이는 필연적으로 근친상간을 피할 수 없었으니, 성서의 기록은 창세기 20장 30절부터 마지막인

38절까지 아버지와 두 딸의 교합을 길게 싣고 있다. 그리고 이 어처구니없는 근친상간은, 딸들은 종족 보존의 의무를 행했다는 이유로서, 아버지는 두 딸과 동침할 당시 술에 취해 인사불성이었다는 이유로서 합리화된다.

> 큰딸이 작은딸에게 이르되, 우리 아버지는 늙으셨고 이 땅에는 세상의 도리를 좇아 우리의 배필 될 사람이 없으니 우리가 우리 아버지에게 술을 마시우고 동침하여 우리 아버지로 말미암아 인종을 전하자 하고

이것이 큰딸의 제안이었고, 이에 먼저 큰딸이 제 아버지 롯과 동침하고 다음으로는 작은딸이 동침하여 아기를 낳으니 이들이 훗날 모압족과 암몬족의 조상이 되었다고 말한다.

> 큰딸은 아들을 낳아 이름을 모압이라 하였으니 오늘날 모압 족속의 조상이요, 작은딸도 아들을 낳아 이름을 벤암미라 하였으니 오늘날 암몬 족속의 조상이었더라.

의도했든 안 했든 간에 여호와의 불심판은 이렇듯 볼썽사나운 근친교배로써 후손들을 생산하였는데, 성서에서 말하는 명분은 그 첫째 딸의 말대로 '세상의 도리를 좇아' 행한 일이라는 것이었다. 그러나 이 같은 성서의 명분은 머잖아 바로 그 성서에 의해 무너지게 되니, 이들 모압과 암몬족은 훗날의 이스라엘 민족과는 대대로

적대적이었던 바, 서로를 비난하기 바빴고[84] 때로는 국경을 침범하기도 하는 원수의 나라가 되기 때문이었다.[85] 그리고 훗날의 선지자들 역시 이들을 하나님 나라의 원수로서 무수히 비난하는데,[86] 그중 스바냐가 전한 하나님의 말은 마치 시간의 수레바퀴가 거꾸로 돌아온 듯해 섬뜩한 기분까지 들지만, 소돔과 고모라를 멸망시킨 하나님의 의도가 분명히 드러나는, 또한 매우 중요한 구절이라 하겠다.

> 그러므로 만군의 여호와 이스라엘의 하나님이 말하노라. 내가 나의 삶을 두고 맹세하노니 장차 모압은 소돔 같으며 암몬 자손은 고모라와 같을 것이라. 찔레가 나며 소금 구덩이가 되어 영원히 황무하리니 나의 끼친 백성이 그들을 노략하며 나의 남은 국민이 그것을 기업으로 얻을 것이라. 그들이 이런 일을 당한 것은 교만하여 스스로 커서 만군의 여호와의 백성을 훼방함이니라.

즉 여호와는 장기적으로는 이스라엘 백성에게 애굽의 강에서부터 유프라테스 강까지의 영역을 확보해줄 계획을 갖고 있었으되, 당장 위협이 되는 소돔과 고모라의 두 도시부터 진멸시킨 것이었고, 인근의 세 도시 역시 방사능오염으로 인해 따라 전복된 것이 사해 다섯 도시 멸망의 전말이라 하겠다.

---

84) 민수기 22:11, 신명기 23:3, 여호수아 24:9
85) 열왕기하 13:20, 스바냐 2:8
86) 예레미야 9:26, 25:21, 27:3, 48:1-47, 49:1-6, 에스겔 25:8-11, 아모스 2:1-2, 스바냐 2:8-11

중복되는
성서의 이야기들

이어 성서의 내용은 아브라함의 그랄 이주기(期)로 옮겨간다.

아브라함이 거기서 남방으로 이사하여 가데스와 술 사이 그랄에 우거하며 그 아내 사라를 자기 누이라 하였으므로 그랄 왕 아비멜렉이 보내어 사라를 취하였더니 그 밤에 하나님이 아비멜렉에게 현몽하시고 그에게 이르시되 네가 취한 그 여인으로 인하여 네가 죽으리니 그가 남의 아내임이니라.

아비멜렉이 그 여인을 가까이 아니한 고로 그가 대답하되, 주여. 주께서 의로운 백성도 멸하시나이까. 그가 나더러 이는 내 누이라고 하지 아니하였나이까. 그 여인도 그는 내 오라비라 하였사오니 나는 온전한 마음과 깨끗한 손으로 이렇게 하였나이다.

하나님이 꿈에 또 그에게 이르시되 네가 온전(穩全)한 마음으로 이렇게 한 줄을 나도 알았으므로 너를 막아 내게 범죄하지 않게 하였나니 여인에게 가까이 못하게 함이 이 까닭이니라. 이제 그 사람의 아내를 돌려보내라. 그는 선지자이므로 그가 너를 위하여 기도하면 네가 살려니와 네가 돌려보내지 않으면 너와 네게 속한 자가 다 정녕 죽을 줄 알지니라.

아비멜렉이 그 아침에 일찍이 일어나 모든 신복(臣僕)을 불러 그 일을 다 말하여 들려주매 그 사람들이 심히 두려워하였더라… 아비멜렉이 양과 소와 노비를 취하여 아브라함에게 주고 그 아내 사라도 그에게 돌려보내고 아브라함에게 이르되, 내 땅이 네 앞에 있으니 너 보기에 좋은 대로 거하라 하고 사라에게 이르되, 내가 은 천 개를 네 오라비에게 주어서 그것으로 너와 함께 한 여러 사람 앞에서 네 수치를 풀게 하였노니 네 일이 다 선(善)히 해결되었느니라.

그런데 이어지는 위 창세기 20장의 내용은 창세기 12장의 내용과 중첩된다. 12장에서는 이집트의 왕 파라오가 사라의 아름다움에 반하여 아내로 삼았다가 여호와의 재앙을 입는다는 것이었고, 20장은 그랄 왕 아비멜렉이 똑같이 그리했다가 마찬가지로 여호와의 재앙을 입는다는 것이다. 전개가 약간 다르기는 하나 발단과 결말은 두 장이 동일하니, 발단은 아브라함이 제 아내 사라를 누이라 거짓말을 한 데서 기인하며, 결말은 아브라함이 왕의 하사품으로써 부를 축적한다는 것이다.

여기서 성서를 읽는 사람은 누구나 의아한 눈으로써 창세기의 앞뒤 장을 뒤적인다. 이유는 물어보나 마나, 그 두 이야기가 쌍둥이처럼 닮아 있기 때문이니 이 같은 유사함은 성서의 신뢰성까지 의심케 만든다. 게다가 20장의 경우는 사라의 나이가 무려 90살이었던 바, 아무리 지금보다 오래 살던 시대라 할지라도 노구(老軀)라 아니 할 수 없는 나이였기에 내용 전체의 불신을 불러온다.

사실 이에 대해서도 성서학자들의 구구한 변명은 없지 않다. 하지만 귀에 들어오는 것은 없고, 창세기를 쓸 당시 아브라함의 이주와 정착에 관한 여러 이본(異本)을 취합하는 과정에서의 오류일 것이라는 일부 학자들의 솔직한 고백만이 그럴듯하게 들린다. 사실 아브라함의 가나안 정착 과정은 그만큼 우여곡절이 많았으니, 그들이 우르에서 가나안 땅으로 올 때도, 가나안에서 이집트로 갈 때도, 롯과 헤어져 헤브론으로 갈 때도 각각의 사연이 뒤따랐다. 그런데 이번의 그랄 이주에는 아무런 설명도 뒤따라주지 않는 바, 필시 방사능 오염으로부터의 피신이었을 가능성이 크다 하겠다.

하지만 이주의 이유를 차치하고서라도 그랄 땅에서의 문제는 쉬 사그라지지 않을 듯 보이니, 아내를 누이라고 속이고 빵을 얻는 이 같은 사기극이 아들인 이삭 대에 이르러서 다시 되풀이되기 때문이다. 그것이 창세기 26장에 나와 있는데, 앞당겨 살펴보자면 다음과 같다.

> 아브라함 때에 첫 흉년이 들었더니 그 땅에 또 흉년이 들매 이삭이 그랄로 가서 블레셋 왕 아비멜렉에게 이르렀더니 여호와께서 이삭에게 나타나 가라사대 애급으로 내려가지 말고 내가 네게 지시하는 땅에 거하라. 이 땅에 머무르면 내가 너와 함께 있어 네게 복을 주고 내가 이 모든 땅을 너와 네 자손에게 주리라.
>
> 이삭이 그랄에 거하였더니 그곳 사람들이 그 아내를 물으매 그가 말하기를 그는 나의 누이라 하였으니 리브가는 보기에 아리따우므로

그곳 백성이 리브가로 인하여 자기를 죽일까 하여 그는 나의 아내라 하기를 두려워함이었더라.

이삭이 거기 오래 거하였더니 이삭이 그 아내 리브가를 껴안은 것을 블레셋 왕 아비멜렉이 창으로 내다본지라. 이에 아비멜렉이 이삭을 불러 이르되, 그가 정녕 네 아내거늘 어찌 네 누이라 하였느냐. 이삭이 그에게 대답하되, 내 생각에 그로 인하여 내가 죽게 될까 두려워하였음이로다.

아비멜렉이 가로되 네가 어찌 우리를 이렇게 행하였느냐. 백성 중 하나가 네 아내와 동참하기 쉬었을 뻔하였은즉 네가 죄를 우리에게 입혔으리라. 아비멜렉이 이에 모든 백성에게 명하여 가로되, 이 사람이나 그 아내에게 범하는 자는 죽이리라 하였더라. 이삭이 그 땅에서 농사하여 그해에 백 배나 얻었고 여호와께서 그 복을 주시므로 그 사람이 창대하고 왕성하여 마침내 거부가 되어 (창세기 26:1-13)

이른바 축자영감설(逐字靈感說)[87]과 성서무오설(聖書無誤說)[88]이 횡횡하는 신학의 세계이다. 여기서 만일 축자영감설이 옳다면 아브라함은 아내 사라를 두 번이나 팔아먹은 파렴치한임에도 여호와로부터 아무런 처벌이 없었음이 이해되지 않으며,[89] 성서무오설이 옳다면 90살의 사라에게 반한 이방의 왕이나 아내를 팔아먹는 행위에 대한 반복적인 서술이 이해되지 않는다.

앞서 본대로 이렇듯 말도 안 되는 행위가 창세기에서는 무려 3번

---

87) 성서의 모든 기록은 하나님의 영감을 받아 기록됐다는 기독교의 이론.
88) 성서에는 어떤 오류도 있을 수 없다는 기독교의 이론.
89) 반면 사라를 취한 왕의 나라는 질병과 불임(不姙) 등의 병마를 겪는다.

이나 반복된다. 하지만 말한 바대로 이에 대해 이렇다 할 해석은 나와 있는 게 없으니 그저 내세운다는 변명 역시 죄 어불성설에 지나지 않는다. 이를테면 '하나님께서 아브라함과 이삭에게 한 약속을 지키기 위하여 먼저 고난을 주셨다'라던가, '하나님이 사라와의 약속을 지키기 위해 아이를 낳을 수 있도록 몸을 젊게 만들어 주셨다(그래서 90살의 노구에도 아비멜렉이 반했다)'라는 말을 듣자면 기실 실소가 터진다. 그리고 그러한 글이나 말을 믿는 상대를 보자면 그 사람의 정신 상태마저 의심스러워진다.

  이에 대해서도 필자의 견해는 명료하다. '인쇄술이 없던 시절, 어쩔 수 없었던 변개(變改)[90]와 기재(記載)에의 오류[91]가 후대에 와서 바로 잡히지 않은 대표적인 예'로 설명하면 간단한 것을, 축자영감설이나 성서무오설과 같은 거대 이론을 내세우는 통에 성서가 비인륜적이고 비도덕적인 일화로서 시작되어야 하는 비싼 대가를 치러야 했다는 것이다.

---

90) 성서를 필사하는 자가 원문의 내용을 고쳐 옮겨 적는 일로(내용과 문맥 등의 원활을 위해, 또는 자신의 주관적 신앙관 등으로써), 지금까지 발견된 고대성서의 원문에서 이 같은 변개의 흔적은 사실상 너무 흔하다.
91) 성서 사본들의 재 필사의 과정에서, 혹은 히브리어 성서가 그리스어나 라틴어 등으로 번역되는 과정에서 적어도 수백 번은 되풀이되었을.

아들 이삭을 얻는 아브라함과, 하나님의 거듭된 이중 플레이

여호와께서 그 말씀대로 사라를 권고하셨고 여호와께서 그 말씀대로 사라에게 행하셨으므로 사라가 잉태하고 하나님의 말씀하신 기한에 미쳐 늙은 아브라함에게 아들을 낳으니, 아브라함이 그 낳은 아들 곧 사라가 자기에게 낳은 아들을 이름하여 이삭이라 하였고, 그 아들 이삭이 난 지 팔 일만에 그가 하나님의 명대로 할례를 행하였더라. 아브라함이 그 아들 이삭을 낳았을 때에 백 세라.
사라가 가로되 하나님이 나로 웃게 하시니 듣는 자가 다 나와 함께 웃으리로다. 또 가로되 사라가 자식들을 젖 먹이겠다고 누가 아브라함에게 말하였으리요마는 아브라함 노경에 내가 아들을 낳았도다 하니라.

아브라함은 1년 전의 약속, 즉 여호와가 소돔과 고모라를 멸하러 왔을 때 한 약속대로 폐경의 아내 사라로부터 아들을 얻고, 또 그때 여호와가 지시한 대로 그 아들의 이름을 이삭이라 한다. 득남의 기쁨은 어쩌면 아브라함보다 사라가 더 클지 몰랐을 터, 노구임에도 자신이 직접 아들에게 젖을 먹이겠다고 나선다. 정말로 수유를 할 수 있었는지 문맥으로 보아서는 짐작이 안 되지만 그녀가 91세에 출산을 하였음은 확실하니, 앞서 말한 세포 복제 방식 같은 인공수정의 시술이 시행되었음에 틀림없다 하겠다. 그리고 이 같은 인공수정은 그다음 대인 이삭과 또 그 다음 대인 야곱의 때에도 시행하게 되는 바, 그때 다시 거론하기로 하겠다.

아무튼, 이렇게 하여 아브라함은 적자를 얻게 되나, 한편으로는 그로 인한 가족 간의 다른 갈등이 표출되게 된다. 이것은 다름 아닌 아브라함의 서자인 이스마엘과 사라의 갈등이었던 바, 어쩌면 기독교와 이슬람 간 갈등의 서막 같은 것인지도 모를 일이었다.

아이가 자라매 젖을 떼고 이삭의 젖을 떼는 날에 아브라함이 대연(大宴)을 벌이었더라. 사라가 본즉 아브라함의 아들 애굽 여인 하갈의 소생이 이삭을 희롱하는지라. 그가 아브라함에게 이르되 이 여종과 그 아들을 내어쫓으라. 이 종의 아들은 내 아들 이삭과 함께 기업(基業)을 얻지 못하리라 하매 아브라함이 그 아들을 위하여 그 일이 깊이 근심이 되었더니, 하나님이 아브라함에게 이르시되, 네 아이나 네 여종을 위하여 근심치 말고 사라가 네게 이른 말을 다 들으라. 이삭에게서 나는 자라야 네 씨라 칭할 것임이니라. 그러나 여종의 아들도 네 씨니 내가 그로 한 민족을 이루게 하리라 하신지라.

아브라함이 아침에 일찍이 일어나 떡과 물 한 가죽부대를 취하여 하갈의 어깨에 메워주고 그 자식을 이끌고 가게 하매, 하갈이 나가서 브엘세바 들에서 방황하더니 가죽부대의 물이 다한지라 그 자식을 떨기나무 아래 두며 가로되, 자식이 죽는 것을 차마 보지 못하겠다 하고 화살이 미치는 거리쯤에 가서 마주 앉아 바라보며 방성대곡하니 하나님이 그 아이의 소리를 들으시므로 하나님의 소리가 하갈을 불러 가라사대, 하갈아 무슨 일이냐. 두려워 말라. 하나님이 저기 있는 아이의 소리를 들으셨나니 일어나 아이를 일으켜 네 손으로 붙들라. 그로 큰 민족을 이루게 하리라 하시니라. 하나님이 하갈의 눈을 밝히시매 샘물을 보고 가서 가죽부대에 물을 채워다가 그 아이에게 마시게 하였더라.

하나님이 그 아이와 함께 계시매 그가 장성하여 광야에 거하며 활 쏘는 자가 되었더니 그가 바란 광야에 거할 때에 그 어미가 그를 위하여 애굽 땅 여인을 취하여 아내를 삼게 하였더라.

여호와는 아브라함의 후사 이삭을 만들었음에도 이처럼 따로 이스마엘을 챙긴다. 앞서도 제기한 문제지만 여호와는 향후의 두 민족의 양립(兩立), 즉 이삭의 후예와 이스마엘의 후예가 큰 반목으로 대립할 것을 예견하고 있었음에도 하갈의 아들인 이스마엘을 애써 비호하고 있는 것이다. 그리고 비호는 그가 죽을 때까지 이어진 듯, 성서는 그 아들들과 당대의 영역까지를 낱낱이 기록하고 있다.

사라의 여종 애굽인(人) 하갈이 아브라함에게 낳은 아들 이스마엘의 후예는 이러하고 이스마엘의 아들들의 이름은 그 이름과 그 세대대로 이와 같으니라.
이스마엘의 장자는 느바욧이요 그다음은 게달과 앗브엘과 밉삼과 미스마와 두마와 맛사와 하닷과 데마와 여둘과 나비스와 게드마니 이들은 이스마엘의 아들들이요 그 촌과 부락대로 된 이름이며 그 족속대로 십이 통치자이었더라.
이스마엘은 향년이 일백삼십칠 세에 기운이 다하여 죽어 자기 열조에게로 돌아가고 그 자손들은 하윌라에서부터 앗수르로 통하는 애급 앞 술까지 이르러 그 모든 형제의 맞은편에 거하였더라. (창세기 25:12-18)

 그렇다면 그 이유는 과연 무엇일까? 모두가 궁금해 하면서도 답을 내놓지 못하는 이유. 하지만 성서에는 그 이유가 아브라함이 그랄 시절에 겪은 '잔인한 불신'의 기록으로서 소상히 남아 있다. 필자는 이제 그 기록을 근거로서 이스마엘과 이삭의 양립, 즉 이슬람과 기독교의 양립을 설명하고자 한다.
다만 그에 앞서 창세기의 기록은 그랄의 블레셋족, 즉 원주민인 팔레스타인인과의 갈등에 할애되고 있는 바, 차례대로 소개하고 가는 게 순서일 듯하다. 아브라함의 일족은 목축을 근간으로 하였으므로 그 일족과 가축의 증가에 따라 필연적으로 뒤따랐을 식수원 분쟁이 원인이었다.

 때에 아비멜렉과 그 군대장관 비골이 아브라함에게 말하여 가로되, 네가 무슨 일을 하든지 하나님이 너와 함께 계시도다. 그런즉 너는 나와 내 아들과 내 손자에게 거짓되이 행치 않기를 이제 여기서 네 하나님을 가리켜 내게 맹세하라. 내가 네게 후대한 대로 너도 나와 너의 머무는 이 땅에 행해야 할 것이니라.

아브라함이 가로되, 내가 맹세하리라 하고 아비멜렉의 종들이 아브라함의 우물을 늑탈한 일에 대하여 아브라함이 아비멜렉을 책망하매 아비멜렉이 가로되, 누가 그리했는지 내가 알지 못하노라. 너도 내게 고하지 아니하였고 나도 듣지 못하였더니 오늘에야 들었노라.

아브라함이 양과 소를 취하여 아비멜렉에게 주고 두 사람이 서로 언약을 세우니라. 아브라함이 일곱 암양 새끼를 따로 놓으니 아비멜렉이 아브라함에게 이르되, 이 일곱 암양 새끼를 따로 놓음은 어찜이뇨. 아브라함이 가로되, 너는 내 손에서 이 암양 새끼 일곱을 받아 내가 이 우물 판 증거를 삼으라 하고, 두 사람이 거기서 서로 맹세하였으므로 그곳을 브엘세바라 이름하였더라.

그들이 브엘세바에서 언약을 세우매 아비멜렉과 그 군대장관 비골은 떠나 블레셋 족속의 땅으로 돌아갔고, 아브라함은 에셀나무를 심고 거기서 영생하시는 하나님 여호와의 이름을 불렀으며 그가 블레셋 족속의 땅에서 여러 날을 지내었더라.

아브라함이 이주한 그랄이 어디인지는 바로 이 브엘세바(7개의 우물이라는 뜻)로 인해 밝혀지게 되었으니, 지금도 비에르셰바(Beersheba)라 불리는 이스라엘 남부 네게브 사막지대의 주요 도시이다. 지금의 비에르셰바는 녹화 사업으로 사막화의 진행을 막았지만, 이곳은 위 성서의 내용대로 당대에도 우물 쟁탈전을 벌어야만 할 박토였던 바, 아브라함이 이 척박한 가나안의 땅 끝까지 내려왔음은 사해 다섯 도시 일대에 퍼진 방사능의 피해가 얼마나 심각했는지를 말해준다. 성서에서 이스라엘의 영토를 말할 때 흔히 '단에서 브엘세바까지'라고 규정짓고 있음도 이곳이 가나안의 남쪽 끝임을 증명한다 하겠다.

 그리고 곧, 앞서 말한 잔인한 불신의 기록이 이어진다.

그 일 후에 하나님이 아브라함을 시험하시려고 그를 부르시되, 아브라함아 하시니 그가 가로되, 내가 여기 있나이다.
여호와께서 가라사대, 네 아들 네 사랑하는 독자 이삭을 데리고 모리아 땅으로 가서 내가 네게 지시하는 한 산 거기서 그를 번제(燔祭)로 드리라.
아브라함이 아침에 일찍이 일어나 나귀에 안장을 지우고 두 사환과 그 아들 이삭을 데리고 번제에 쓸 나무를 쪼개어 가지고 떠나 하나님이 자기에게 지시하는 곳으로 가더니, 제 삼일에 아브라함이 눈을 들어 그곳을 멀리 바라본지라. 이에 아브라함이 사환에게 이르되, 너희는 나귀와 함께 여기서 기다리라. 내가 아이와 함께 저기 가서 경배하고 너희에게로 돌아오리라 하고 아브라함이 이에 번제 나무를 취하여 그 아들 이삭에게 지우고 자기는 불과 칼을 손에 들고 두 사람이 동행하더니 이삭이 그 아비 아브라함에게 말하여 가로되, 내 아버지여 하니 그가 가로되, 내 아들아. 내가 여기 있노라. 이삭이 가로되, 불과 나무는 있거니와 번제할 어린 양은 어디 있나이까. 아브라함이 가로되, 아들아. 번제할 어린 양은 하나님이 자기를 위하여 친히 준비하시리라 하고 두 사람이 함께 나아가서 하나님이 그에게 지시하신 곳에 이른지라.
이에 아브라함이 그곳에 단을 쌓고 나무를 벌여 놓고 그 아들 이삭을 결박하여 단 나무 위에 놓고 손을 내밀어 칼을 잡고 그 아들을 잡으려 하더니 여호와의 사자가 하늘로부터 그를 불러 가라사대, 아브라함아, 아브라함아 하시는지라. 아브라함이 가로되, 내가 여기 있나이다 하매 사자가 가라사대, 그 아이에게 네 손을 대지 말라. 아무 일도 그에게 하지 말라. 네가 네 아들 네 독자라도 내게 아끼지 아니하였으니 내가 이제야 네가 하나님을 경외하는 줄 아노라.

아브라함이 눈을 들어 살펴본즉 한 숫양이 뒤에 있는데 뿔이 수풀에 걸렸는지라. 아브라함이 가서 그 숫양을 가져다가 아들을 대신하여 번제로 드렸더라. 아브라함이 그 땅 이름을 여호와이레라 하였으므로 오늘까지 사람들이 이르기를 여호와의 산에서 준비되리라 하더라.

여호와의 사자가 하늘에서부터 두 번째 아브라함을 불러 가라사대, 여호와께서 이르시기를 내가 나를 가리켜 맹세하노니 네가 이같이 행하여 네 아들 네 독자를 아끼지 아니하였은즉 내가 네게 큰 복을 주고 네 씨로 크게 성하여 하늘의 별과 같고 바닷가의 모래와 같게 하리니 네 후손들이 네 적들의 땅을 얻으리라. 또 네 씨로 말미암아 천하 만민이 복을 얻으리니 이는 네가 나의 말을 준행하였음이니라 하셨다 하니라.

이에 아브라함이 그 사환에게 돌아가서 함께 떠나 브엘세바에 이르러 거기 거하였더라.

여호와가 번제물로써 아브라함의 외아들 이삭을 요구한 황당무계한 사건에의 기록… 또 한편으로는 몹시 무섭기도 한 이 잔인한 기록은 두 말할 것도 없이 아브라함에 대한 여호와의 불신으로부터 출발한다. 그에 관한 구체적 내용이 없어 아브라함을 불신케 만든 원인을 찾을 수는 없으나, 여호와가 무언가에 무척 화가 나 있음은 분명해 보인다. 그리하여 급기야는 그 아들 이삭을 번제물로 바치게 하는 만행을 자행하는데, 브엘세바의 동요를 막기 위함인지 그를 마을로부터 멀리 떨어진 산으로 유인한다. 브엘세바로부터 2박 3일이나 걸리는 먼 곳이었다. 이때 여호와가 아브라함을 유인한 산은 예루살렘의 모리아 산으로 알려져 있는데, 훗날 솔로몬과 헤롯왕이 건립한 성전이 있어 일명 성전산으로 불리기도 한 그곳이었다. 브엘세바로부터 모리아 산까지는 약 84km로, 아마도 여호와는 비행선의 빛과 같은 것으로써 아브라함을 이끌었던 것으로 짐작된다. 그런데 이 일을 정작으로 실행한 사람은 여호와가 아닌 여호와의 사자였던 바, 여호와는 이 일에 그리 중요함을 느낀 것 같지 않다. 한마디로 말해 여호와는 아브라함이 제 자식 이삭을 번제물로 바칠 것이라고까지는 믿지 않았던 듯하니, 어쩌면 이 같은 시험은 그를 버리기 위한 핑계 같은 것인지도 모를 일이었다.

그러나 예상 밖으로 아브라함은 제 아들 이삭을 구워 바치려 칼을 빼 들었던 바, 외계인이든 신이든 간에 놀라지 않을 수 없었을 것이었다. 그것은 이때 여호와의 사자가 했던 말, 즉 '네가 네 아들 네 독자라도 내게 아끼지 아니하였으니 내가 이제야 네가 하나님을 경외하는 줄 아노라'라는 말로도 증명되는데, 그 말인즉 지금까지는 너 아브라함을 믿지 않았다는 말과도 상통되는 것이었다. 그리고 다시 다음의 마지막 말, '네가 이같이 행하여 네 아들 네 독자를 아끼지 아니하였은즉 내가 네게 큰 복을 주고 네 씨로 크게 성하여 하늘의 별과 같고 바닷가의 모래와 같게 하리니 네 후손들이 네 적들의 땅을 얻으리라. 또 네 씨로 말미암아 천하 만민이 복을 얻으리니 이는 네가 나의 말을 준행하였음이니라 하셨다'라는 말을 전하는 바, 또 이 말을 풀어 보면, 네가 이번에 아들을 번제물로 올리지 않았다면 복도 땅도 없었을 것이라는 말이 된다.

혹자는 여호와께서 진심으로 이삭을 번제물로 원하지는 않았을 것이라 말한다. 이것은 다만 아브라함의 신앙을 시험하기 위한 행위였을 뿐 이삭을 번제물로 받을 생각은 애초부터 없었다는 것이다. 딴은 그렇게 생각되기도 한다. 아이를 잡아먹는 물귀신이나 요괴와 같은 존재라면 또 모를까, 자애로운 하나님께서 이삭이 통구이가 되는 결과를 원했을 리 없었을 터, 그러한 결과는 어떻게든 막았을 것이라 여겨지기도 하기 때문이다.

하지만 이리 메치고 저리 둘러쳐 봐도 여기서 이삭이 번제물이 되지 않기 위해서는 아브라함이 이삭을 제물로 바치지 않는 한 가지 방법밖에 없었다. 아브라함이 이삭을 바치고 여호와가 막는 방법은 이미 번제물이 된 후의 일이니 아무런 의미를 찾을 수 없는 것이다. 그리고 실제로 여호와는 산 자를 제물로 받은 경우도 없지 아니하니, 사사기(판관기)에 나오는 길르앗의 큰 용사 입다(Jephthah)는 여호와와의 약속을 따라 자신의 무남독녀를 눈물의 번제물로 삼은 적도 있었다.[92]

과연 잘한 일인지 못한 일인지 잘 알 수는 없으나, 아무튼 아브라함은 여호와의 비인륜적 명령을 이행한 덕으로 복을 받고 후손도 번창할 수 있었다. 그것이 부러워 베꼈는지 아니면 그와 같은 일이 또 있었는지 그 또한 알 수 없으나, 이슬람의 꾸란에서는 이때 번제

---

92) 사사기 11:30-40

물로 바쳐진 사람은 이삭이 아닌 맏아들 이스마엘이다. 하지만 여기서 필자가 말하고 싶은 내용은 아브라함 행위의 잘잘못이나 번제물의 주인공이 아니라, 여호와가 왜 그런 비인륜적인 행위를 아브라함에게 시켰는가 하는 그 이유이다.

그것은 물론 시험이었다. 그리고 그 시험에서 아브라함이 탈락했을 경우, 소위 여호와의 복이라 하는 것은 곧장 하갈 모자에게 갔을 것이었다. 하지만 그렇다고 그들 모자 또한 멀리하지는 않았으니 언제라도 전방이 무너질 경우, 후방의 군을 전방으로 끌어올리기 위한 예비군과 같은 존재가 필요했기 때문이리라. 실제 이번 아브라함의 경우는 그 분수령과도 같은 일이었다 할 것이다.

필자는 적어도 본 책에서는 이슬람과 꾸란에 대해 논하고 싶지 않으나, 다만 단 한 가지, 이슬람의 창시자 무함마드의 승천에 대해서만은 주목해 보고 싶다. 역사적으로 보자면 무함마드는 사라센 제국의 개창자로서, 그가 활동한 시기는 우리나라의 삼국시대 말에 해당한다. 고구려의 연개소문, 백제의 무왕, 신라의 선덕여왕 등이 동시대의 사람이고, 중국은 당(唐) 태종의 치세였던 바, 저 아브라함이나 모세에 비하자면 무척이나 가까운 역사의 인물이다. 신화나 전설이 아닌 역사의 범위에서 고찰될 수 있다는 말이다.

꾸란에는 죽어 부활한 예수와 달리 무함마드가 살아생전 예루살렘의 모리아 산에서 승천했다고 기록돼 있다.[93] 천사 지브릴(가브리엘)의 안내로서, 하늘에서 내려온 부라끄(Buraaq; 번갯불)라고 하는 날개 달린 흰 말을 타고서.[94]

---
93) 꾸란 17장, 70장
94) 꾸란에서도 무함마드의 승천에 관한 이야기는 신화가 아닌 역사적 사실로

그때 그가 짚고 올라간 바위가 예루살렘의 앗-사크라 성전 안에 길이 약 18m, 너비 약 13m, 높이 1.25~2m의 형태로 존재한다. 성전은 그 때문에 바위 사원이라고도 하고, 모스크의 황금돔 때문에 황금 사원이라고도 불리는데, 691년 사라센 제국의 칼리프 압둘 말리크가 무함마드의 승천을 기려 만든 건축물이다. 이 성전 자리는 전에 솔로몬과 헤롯왕이 건립한 여호와의 성전이 있던 곳으로, 안에 있는 무함마드 승천 바위는 아브라함이 이삭(혹은 이스마엘)을 번제하기 위해 뉘였던 바로 그 바위였다고도 한다. 두 종교 간에 서로 연관이 없는 듯하면서도 연관성을 배제하기 힘든 바로 그러한 모리아 산인데, 여하튼 여러 가지로 두고두고 곱씹어 보아야 할 장소임에는 틀림없는 곳이라 하겠다.

묘사되어 있어, 신화(Kurafa)라는 단어 앞에 정관사인 알리프나 람이 생략되어 있다. 신화적인 역사적 사건이라는 의미이다.

아브라함

이후의

세대들

제1세대의 퇴장

이삭의 결혼과

인공수정된 2세의 탄생

축복을 받은 야곱,

그리고 그가 마주한 우주비행선

제1세대의
퇴장

 창세기의 기록은 위 모리아 산에서 사건 이후, 갑자기 메소포타미아에 남겨진 아브라함의 형제 나홀과 그 소생들을 소개한다. 이제 곧 이삭의 아내가 될 리브가라는 여인을 등장시키기 위함이었다. 이는 아브라함의 시대가 저물고 있음에 대한 암시이기도 한데, 아닌 게 아니라 이후 사라의 죽음이 이어진다.

 사라가 일백이십칠 세를 살았으니 이것이 곧 사라의 향년이라. 사라가 가나안 땅 헤브론 곧 기랏아르바에서 죽으매 아브라함이 들어가서 사라를 위하여 슬퍼하며 애통하다가 그 시체 앞에서 일어나 나가서 헷 족속에게 말하여 가로되, 나는 당신들 중에 나그네 우거한 자니 청컨대 당신들 중에서 내게 매장지를 주어 소유를 삼아 나로 내 죽은 자를 내어 장사하게 하시오.
 헷 족속이 아브라함에게 대답하여 가로되, 내 주여. 들으소서. 당신은 우리 중 하나님의 통치자이시니 우리 묘실 중에서 좋은 것을 택하여 당신의 죽은 자를 장사하소서. 우리 중에서 자기 묘실에 당신의 죽은 자 장사함을 금할 자가 없으리이다…
그 후에 아브라함이 그 아내 사라를 가나안 땅 마므레 앞 막벨라 밭 굴에 장사하였더라(마므레는 곧 헤브론이라).

위 창세기의 기록을 보면 아브라함은 아내 사라의 말년에 헤브론 땅으로 돌아왔고, 그동안 그곳의 주인이 아무르족에서 힛타이트족으로 바뀌었음을 알 수 있다. 이는 북방의 강국 힛타이트가 남진(南進)한 역사적 상황과도 일치하는데, 아브라함의 과거 헤브론 시절에의 인식이 좋았음인지 새로운 주인 힛타이트족은 그에게 배타적이지 않았다. 이에 아브라함은 헤브론의 막벨라 밭을 구입하고 그곳의 동굴을 사라의 무덤으로 삼았던 바, 그 막벨라의 동굴은 아직도 이스라엘의 헤브론에 존재한다.

이후 아브라함은 아들 이삭을 장가보낸 뒤 헤브론에서 후처를 얻어 살다가 175세로 영면하는데, 그의 말년과 죽음에 관한 기록은 조금은 허망한 감정을 불러일으킬 정도로 간략하다.

아브라함의 향년이 일백칠십오 세라. 그가 수가 높고 나이 많아 기운이 다하여 죽어 자기 열조(烈祖)에게로 돌아가매 그 아들 이삭과 이스마엘이 그를 마므레 앞 헷 족속 소할의 아들 에브론의 밭에 있는 막벨라 굴에 장사하였으니 이것은 아브라함이 헷 족속에게서 산 밭이라. 아브라함과 사라가 거기 장사되니라.
아브라함이 죽은 후에 하나님이 그 아들 이삭에게 복을 주셨고 이삭은 브엘 라헤로이 근처에 거하였더라.

이삭의 결혼과
인공수정된 2세의 탄생

　아브라함은 죽기 전, 자신의 집사를 시켜 메소포타미아에 살고 있는 자신의 족속에게서 이삭의 신붓감을 찾아오라 명한다. 이에 집사는 메소포타미아 나홀 성에 살고 있는 리브가라는 처녀를 데려오게 되는데, 그는 아브라함의 동생 나홀과 밀가의 사이에서 난 브두엘이란 사람의 딸이었다. 그리고 이삭은 가나안 땅에 도착한 리브가와 결혼하는 것으로서 긴 이야기는 끝이 나는데, 이상의 결혼 스토리에 있어서는 여호와의 조력이나 간섭이 전혀 나타나 있지 않다.

　그런데 40세에 결혼을 한 이삭이 60세에 이르기까지 자식을 얻지 못하자 사정이 달라진다. 아브라함의 황혼 이후 그들 가문에 아무런 개입을 하지 않던 여호와가 적극적으로 2세 생산에 뛰어든 것이었다.

아브라함의 아들 이삭의 후예는 이러하니라.

아브라함이 이삭을 낳았고 이삭은 사십 세에 리브가를 취하여 아내를 삼았으니 리브가는 밧단아람의 아람 족속 중 브두엘의 딸이요 아람 족속 중 라반의 누이였더라.

이삭이 그 아내가 잉태하지 못하므로 그를 위하여 여호와께 간구하매 여호와께서 그 간구를 들으셨으므로 그 아내 리브가가 잉태하였더니 아이들이 그의 태(胎) 속에서 서로 싸우는지라. 그가 가로되 이같으면 내가 어찌할꼬 하고, 가서 여호와께 묻자온데

여호와께서 그에게 이르시되, 두 국민이 네 태중(胎中)에 있구나. 두 국민이 네 복중에서부터 나누이리라. 이 족속이 저 족속보다 강하겠고 큰 자는 어린 자를 섬기리라 하였더라. 그 해산 기한이 찬즉 태에 쌍둥이가 있었는데, 먼저 나온 자는 붉고 전신에 털이 많아 이름을 에서라 하였고, 후에 나온 아우는 손으로 에서의 발꿈치를 잡았으므로 그 이름을 야곱이라 하였으며, 리브가가 그들을 낳을 때에 이삭이 육십 세이었더라.

 이삭이 여호와께 간구하였고 그 간구를 들은 여호와가 불임의 리브가를 잉태케 한 일. 그것은 그 주체가 신이든 외계인이든 잉태의 배경에 누군가의 힘이 작용했음을 명확히 말해준다. 그리고 필자는 이 책에서 내내 여호와는 외계인이라는 주장을 하고 있는 바, 그렇다면 이번에도 리브가를 잉태케 한 힘은 다름 아닌 저들 외계인의 선진 의학이었다 하겠는데, 다만 이번의 경우는 앞서 사라와는 다른 시술이 행하여졌을 가능성이 크다고 보고 있다.

그 첫 번째 이유는 리브가가 아직 가임 연령이었다는 데 기인한다. 즉, 이미 폐경이 되어 임신 가능성이 전무했던 사라의 경우와 달리 리브가는 젊은 몸이었던 바, 굳이 이삭의 조직 세포를 줄기세포로 만들어 착상시키는 복잡한 방법을 쓸 필요 없이 평이한 시험관 수정 방식으로도 임신이 가능했다고 보기 때문이다.

두 번째 이유는 리브가가 쌍둥이를 출산한 것에 기인한다. 그 같은 시험관 수정 방식, 즉 정자와 난자를 시험관에서 결합시켜 산모의 자궁에 이식시키는 방법은 수정란의 과다 배출을 불러오는 배란촉진제 등의 영향으로 쌍둥이를 임신케 되는 결과가 왕왕 발생하기 때문이다. 이는 저들의 선진 의학도 극복하지 못한 문제이거나 혹은 배란촉진제의 과용이 원인인 듯한데, 하지만 저들의 의학은 태아 성별의 구별을 넘어 체력이나 지능까지도 감지해내는 기술을 지녔던 듯, 쌍둥이 형이 동생에 못 미칠 것을 예견하고 있다.

> 여호와께서 그에게 이르시되 두 국민이 네 태중에 있구나. 두 국민이 네 복중에서부터 나누이리라. 이 족속이 저 족속보다 강하겠고 큰 자는 어린 자를 섬기리라 하였더라.

하지만 리브가에게 말한 이 같은 내용은 신이든 외계인이든 절대 임산부에게 해서는 안 될 말이었으니, 굳이 비유를 하자면 의사의 윤리강령 위배쯤에 해당하는 일이라 하겠다.

곧 이어지겠지만, 쌍둥이의 모친인 리브가는 이후로 내내 동생인 야곱을 일방적으로 편애하였는데, 성서에서는 그녀가 어릴 적부터 그래야만 했던 별다른 이유를 찾아볼 수 없는 바, 애써 그 이유를 찾자면 임신 중에 들었던 여호와로부터의 한 마디가 각인되었다고 밖에 말할 수 없겠다. 아니, 그들 형제의 성정에 있어서는 형 에서는 내내 우직하고 후덕한 성격의 소유자로, 동생 야곱은 약삭빠른 성격의 소유자로 그려져 있어 누구든 인간적인 측면에서는 오히려 형 에서에게 마음이 가리라 여겨지는 바, 그 첫 번째 일화가 성서의 다음 장에 등장한다.

축복을 받은 야곱, 그리고 그가 마주한 우주비행선

그 아이들이 장성함에 에서는 익숙한 사냥꾼인 고로 들사람이 되고 야곱은 조용한 사람인 고로 장막에 거하니, 이삭은 에서의 사냥한 고기를 좋아하므로 그를 사랑하고 리브가는 야곱을 사랑하였더라.

야곱이 죽을 쑤었더니 에서가 들에서부터 돌아와서 심히 곤비하여 야곱에게 이르되, 내가 곤비하니 그 붉은 것을 나로 먹게 하라 한지라. 그러므로 에서의 별명은 에돔이더라.

야곱이 가로되, 형의 장자(長子)의 명분을 오늘날 내게 팔라. 에서가 가로되, 내가 죽게 되었으니 이 장자의 명분이 내게 무엇이 유익하리오. 야곱이 가로되, 오늘 내게 맹세하라. 에서가 맹세하고 장자의 명분을 야곱에게 판지라. 야곱이 떡과 팥죽을 에서에게 주매 에서가 먹으며 마시고 일어나서 갔으니 에서가 장자의 명분을 가벼이 여김이었더라.

내용에서는 언뜻 에서의 우둔함이 두드러지지만, 자세히 들여다 보면 그보다는 장자의 특권을 간파하고 있는 어린 야곱의 영악함이 더 눈에 띈다. 평등과 형평성이 강조되는 현대의 법률 체계 하에서도 장자의 지위는 어느 정도 인정되어 지고 있는 것이 현실이다. 특히 고대 사회에서의 장자의 특권이란 성문법적으로나 관습법적으로서 인정되어진 대표적인 불평등 조항이었던 바, 특히 재산과 지위에의 상속권이 그러하였다. 물론 그것이 구두로 사고팔 수 있는 성질의 권리는 아니었겠으나 어린 야곱이 그 같은 권리에 눈독을 들였다는 것 자체가 순수함과는 거리가 있는 행동이었다. 그리고 결국은 그 어미 리브가와 공모하여 장자의 권리를 차지하게 되는 바, 기실 야곱이란 이름은 이 모든 것에 대한 암시이기도 하다.

성서에는 '후에 나온 아우는 손으로 에서의 발꿈치를 잡았으므로 그 이름을 야곱이라 했다'고 되어 있다. 히브리어로 발꿈치, 혹은 발목은 아게브(ageb)이므로 그 이름이 야곱(Yaagob)이 되었다는 의미이리라. 하지만 이와 유사한 발음의 단어 가운데는 '사취하다', 혹은 '찬탈하다'라는 뜻을 가진 agab란 단어 또한 있다는 것을 주목할 만한 하니, 그들 형제가 장성한 어느 날, 그 '사취'의 역사가 벌어진다. 바로 창세기 27장 1절부터 40절까지 펼쳐지는 긴 내용이 그것인데, 요약하면 아래와 같다.

이삭이 나이가 들어 눈이 어두워 앞이 잘 보이지 않음에 그는 자신의 임종이 가까웠다 생각하였는지 맏아들 에서를 불러 다음과 같이 부탁한다.

이삭이 가로되, 내가 이제 늙어 어느 날 죽을는지 알지 못하노니 그런즉 네 기구 곧 화살통과 화살을 가지고 들에 나가 나를 위하여 사냥하여 나의 즐기는 별미를 만들어 내게로 가져다가 먹게 하여 나로 하여금 죽기 전에 내 마음껏 네게 축복하게 하라.

아비 이삭은 맏아들 에서에게 장자에의 축복, 즉 지위와 재산의 상속을 하려는 것이었다. 그런데 이 말을 몰래 엿들은 어미 리브가는 자신이 편애하는 야곱을 불러 자신이 만든 염소 새끼의 요리로써 이삭을 속이고 맏아들이 받을 축복을 사취하는데, 그러한 가운데는 형 에서가 털북숭이임을 염두에 둔 간교한 속임수까지 동원되었다. 즉 리브가는 몸에 털이 없는 야곱이 의심을 받지 않도록 에서의 옷을 입히고 염소 털가죽의 목도리와 토씨를 야곱의 목과 팔에 둘러씌웠던 바, 눈이 보이지 않는 이삭은 오직 후각과 촉각에 의존할 수밖에 없었던 것이었다. 마침내 이삭은 맏아들이라 착각한 둘째 아들 야곱에게 다음과 같이 축복을 내린다.

그 아비 이삭이 야곱에게 이르되, 내 아들아. 가까이 와서 내게 입 맞추라. 야곱이 가까이 와서 그에게 입 맞추니 아비가 그 옷의 향취를 맞고 야곱에게 축복하여 가로되, 내 아들의 향취는 여호와의 복 주신 밭의 향취로다.
하나님은 하늘의 이슬과 땅의 기름짐, 풍성한 곡식과 포도주를 네게 주시길 원하노라. 만민이 너를 섬기고 열국이 네게 굴복하리니 네가 형제들의 주인이 되고 네 어미의 아들들이 네게 굴복하며 네게 저주하는 자는 저주를 받고 네게 축복하는 자는 복을 받기를 원하노라.

맏아들 에서가 사냥물과 함께 들에서 돌아왔을 때는 이미 모든 것이 끝나 있었다. 여호와의 이름으로 모든 축복을 내려버린 이삭이었던 바, 정작 에서에게 내릴 축복은 이제 하나도 남아 있지 않게 된 것이었으니, 본문은 그 안타까움을 다음과 같이 전한다.

> 에서가 그 아비의 말을 듣고 방성대곡하며 아비에게 이르되, 내 아버지여, 내게 축복하소서. 내게도 그리하소서… 또 가로되, 아버지께서 나를 위하여 빌 복을 남기지 아니하셨나이까.
> 이삭이 에서에게 대답하여 가로되, 내가 그를 너의 주인으로 세우고 그 모든 형제를 내가 그에게 종으로 주었으며 곡식과 포도주를 그에게 공급하였으니 내 아들아. 내가 네게 무엇을 할 수 있으랴.
> 에서가 아비에게 이르되, 내 아버지여, 아버지의 빌 복이 이 하나뿐이리이까. 내 아버지여, 내게 축복하소서. 내게도 그리하소서 하고 소리를 높여 우니

이후 아비 이삭의 임종이 가까워져 오자, 에서는 동생 야곱을 죽일 것을 결심한다. 이에 어미 리브가는 자신의 고향인 밧단아람으로 야곱을 피신시키는데, 이때 리브가가 아들에게 한 말은 위의 모든 사실을 떠나, 왜 야곱이 아브라함과 이삭의 뒤를 잇는 창세기의 주인공으로 등장하게 되는가를 실질적으로 증언한다.

> 리브가가 이삭에게 이르되, 내가 헷 사람의 딸들로 인하여 나의 생명을 싫어하거늘 야곱이 만일 이 땅의 딸들, 곧 그들과 같은 헷 사람의 딸들 중에서 아내를 취하면 나의 생명이 내게 무슨 재미가 있으

리이까.

즉 리브가는 맏아들 에서가 선민이 아닌 이 땅의 딸들, 즉 횟타이트족의 자식을 아내로 삼은 것을 심히 못마땅해 하고 있는 것인데, 이는 이삭 역시 마찬가지였던 듯 집 떠나는 야곱을 불러 재삼 축복하며 당부한다.

이삭이 야곱을 불러 그에게 축복하고 또 부탁하여 가로되, 너는 가나안 사람의 딸들 중에서 아내를 취하지 말고, 일어나 밧단아람으로 가서 너의 외조부 브두엘 집에 이르러 거기서 너의 외삼촌 라반의 딸 중에서 아내를 취하라.
전능하신 하나님이 네게 복을 주어 너로 생육하고 번성케 하사 너로 여러 족속을 이루게 하시고, 아브라함에게 허락하신 복을 네게 주시되 너와 함께 네 자손에게 주사 너로 하나님이 아브라함에게 주신 땅, 곧 우거하는 땅을 유업(遺業)으로 받게 하시기를 원하노라.

이미 아내 리브가와 둘째 아들 야곱에게 속을 만큼 속은, 까닭에 화도 날 만큼 날 법했을 이삭이었다. 하지만 그럼에도 불구하고 이삭은 야곱에게 다시 축복을 주고, 여호와가 아브라함에게 준 유업을 물려받기를 희망한다. 그 이유는 단 하나, 둘째 아들 야곱이 순혈의 대를 이어주기를 바라고 있음이었다.
그리고 그것은 하나님 여호와도 마찬가지였으니, 야곱이 밧단아람으로 가는 도중 직접 그 모습을 나타내 축복을 내린다. 이 광경은 이미 앞에서 언급한 바 있으나 순서에 따라 다시 다루어 보도록 하겠다.

야곱이 브엘세바를 떠나 하란으로 향하여 가더니 한 곳에 이르러서는 해가 진지라 거기서 유숙하려고 그곳의 한 돌을 취하여 베개하고 거기 누워 자더니 꿈에 본즉 사닥다리가 땅 위에 섰는데, 그 꼭대기가 하늘에 닿았고 또 본즉 하나님의 사자가 그 위에서 오르락내리락 하고 또 본즉 여호와께서 그 위에 서서 가라사대, 나는 여호와이니 너의 조부 아브라함의 하나님이요 이삭의 하나님이라.
지금 네가 누운 땅을 내가 너와 네 자손들에게 주리니 네 자손이 땅의 먼지처럼 퍼져 동서남북에 가득 찰 것이며 이 땅의 모든 족속들이 너와 네 자손들로 인하여 복을 얻으리라.
내가 너와 함께 있어 네가 어디로 가든지 너를 지키며 너를 이끌어 이 땅으로 돌아오게 할지니 내가 네게 허락한 것을 다 이루기까지 너를 떠나지 아니하리라 하신지라.
야곱이 잠이 깨어 가로되, 여호와께서 과연 여기 계시거늘 내가 알지 못하였도다.
이에 두려워하여 가로되, 두렵도다 이곳이여. 이는 하나님의 궁전이요 이는 하늘의 문이로다 하고 야곱이 아침에 일찍이 일어나 베개 하였던 돌을 가져 기둥으로 세우고 그곳에 기름을 붓고 그곳의 이름을 벧엘이라 하였더라.

앞서의 설명대로 이때 야곱이 본 여호와와 천사, 그리고 그들이 서

있거나 오르락내리락하던 사다리는 결코 그가 꿈속에서 본 것이 아니었다. 재차 강조하거니와 야곱이 목격한, 땅에 세워진 사다리는 비행선의 긴 트랩이요, 그 트랩이 내려진 곳은 평평한 비행선의 하부였는데, 그것이 꿈이라는 생각과 사다리가 하늘에 닿았다는 생각은 모두 그가 비몽사몽간에, 그리고 밤에 보았음에 기인하는 것이었다. 즉 야곱은 돌을 베고 누운 채로 비행선의 하부에서 새어 나온 빛에 의거, 모든 사물과 사람을 본 것이었으므로 비행선으로부터 내려진 트랩이 하늘에 닿은 사다리로, 비행선의 하부가 하늘로 보였던 것뿐이었다. 그 후 야곱은 다시 잠이 들었으나 아침에 일어난 그는 지난밤에 보았던 놀랍고도 두려운 광경, 즉 그곳에 머물렀던 하늘의 궁전 같던 비행체와 그 비행체의 동체로부터 열려진 문을 상기해내고 그곳에서 나름대로의 의식(儀式)을 가졌던 것이었다. 아울러 이와 같은 의식은 곧 그가 겪은 것이 꿈이 아니라는 확실한 방증이기도 하다. 다만 아쉬운 것은 야곱이 그와 같은 비행체를 밤에 보았다는 것이니, 단언하거니와 만일 그가 낮에 여호와 하나님을 만났다면 아마도 에스겔의 그것과도 같은 보다 상세한 비행선의 기록이 남았을 것이다.

그리고 말한 바와 같이 순혈의 후손을 바라는 마음은 여호와 역시 동일하였던 바, 야곱에게 더할 나위 없는 축복을 내리며 후손들의 영토를 호언한다. 과연 그 장담이 이루어진 것인지는 알 수 없으나 아무튼 그때 야곱이 누웠던 땅에는 그의 자손들이 살고 있고, 아울러 그 자손들은 세계의 만방에 먼지처럼 퍼져 세상을 좌지우지하고 있다. 이른바 유대인이라는 불리는 민족이다.

야곱은 이후 '동방 사람의 땅'으로 가서 사악한 외삼촌 라반의 밑에서 온갖 고생을 한 뒤 그의 딸인 레아와 라헬을 아내로 삼아 그때 얻은 부(富)와 함께 고향으로 돌아온다. 무려 20년 만의 귀향이었다.
　그런데 그 돌아오는 길에 야곱은 뜻밖에도 하나님의 사자들을 만나게 된다. 아마도 형 에서와의 충돌을 염려해 내려온 무리인 듯한데, 실제로 야곱은 사자들의 도움을 얻는다.

　　야곱이 그 길을 진행하더니 하나님의 사자들이 그를 만난지라.
　　야곱이 그들을 볼 때에 이르기를 이는 하나님의 군대라 하고

　이후 야곱은 홀로 얍복 강 너머에 남게 되었고, 이때 여호와도 무리를 떠나 홀로 강에 이르니, 아마도 야곱을 따로 만나볼 요량이었던 것 같다. 하지만 여러 가지로 신경이 곤두서 있는 마당에 야반 출현한 낯선 상대는 야곱에게 큰 위협으로 다가왔다. 예전 비행선 앞에서 만나본 면식 있는 사이이기는 했으나 워낙에 오래된 일이었고 공교롭게도 그때나 지금이나 모두 밤이었다. 이에 야곱은 다짜고짜 상대에게 달려들었고, 여호와는 그 바람에 야곱과 밤새도록 몸싸움을 벌이게 된다.

　　야곱은 홀로 남았더니 어떤 사람이 날이 새도록 야곱과 씨름하다가
　　그 사람이 자기가 야곱을 이기지 못함을 보고 야곱의 환도뼈를 치매
　　야곱의 환도뼈가 그 사람과 씨름할 때에 위골되었더라.
　　그 사람이 가로되, 날이 새려하니 나로 가게 하라. 야곱이 가로되,

당신이 내게 축복하지 아니하면 가게 하지 아니하겠나이다. 그 사람
이 그에게 이르되, 네 이름이 무엇이냐. 그가 가로되 야곱이니이다.
그 사람이 가로되, 네 이름을 다시는 야곱이라 부를 것이 아니요 이
스라엘이라 부를 것이니 이는 네가 하나님과 사람으로 더불어 겨루
어 이기었음이니라. 야곱이 청하여 가로되, 당신의 이름을 고하소
서. 그 사람이 가로되, 어찌 내 이름을 묻느냐 하고 거기서 야곱에게
축복한지라.
그러므로 야곱이 그 이름을 브니엘이라 하였으니 그가 이르기를, 내
가 하나님과 대면하여 보았으나 내 생명이 보존되었다 함이더라.

여기서 우리는 다시 한 번 하나님의 유한성을 인식하게 되며, 더불어 외계인과 우리 인간과의 동류성(同流性) 또한 인식하게 된다. 하나님이라 불리는 외계인이었지만 육체적인 힘은 인간은 그것과 별반 다름없더라는 얘기다. 아니 오히려 힘이 부침을 인지한 여호와는 상대의 허리뼈를 가격하는 필살기를 가하는데, 이에 야곱은 허리뼈를 접질리게 된다. 그러함에도 야곱은 상대를 날이 샐 때까지 놓아주려하지 않았고 여호와는 결국 날이 밝아 옴을 구실삼아 싸움 그치기를 청한다. 그러나 야곱은 상대에게 실질적인 항복의 의사를 표할 것을 요구하며 만일 그렇게 하지 않으면 보내줄 수 없다고 으름장을 놓는다. 한마디로, 한번 싸우면 끝장을 보는 성격의 소유자였던 듯싶다. 이에 상대는 뒤늦게 자신이 하나님이라는 것을 밝히고 야곱의 승리를 인정하는데, 이때 전리(戰利)로서 얻은 것이 곧 이스라엘이라는 이름이었다.

야곱은 처음에는 곧이곧대로 믿지 않았으나 종국에는 상대가 하나님임을 알게 되었고, 그와 싸웠음에도 다행히도 생명이 보존될 수 있었다고 술회하고 있다. 하지만 정황을 살펴보면 정말로 끝장을 볼 때까지 싸웠다면 정작 생명을 보존할 수 없었던 쪽은 상대방이 아니었나 싶다. 그가 야곱의 척추를 노려 가격하는 필살기를 보인 것이나 이제 날이 새려 하니 그만 자신을 보내달라고 사정하는 장면을 보면 말이다.

얼마 후 여호와는 야곱에게 다시 나타나 재차 약속을 하는 바,

> 야곱이 밧단아람에서 돌아오매 하나님이 다시 야곱에게 나타나사 그에게 복을 주시고 그에게 이르시되, 네 이름이 야곱이다마는 네 이름을 다시는 야곱이라 부르지 않겠고 이스라엘이 네 이름이 되리라 하시고, 그가 그의 이름을 이스라엘이라 부르시고
> 그에게 이르시되, 나는 전능한 하나님이니라. 생육하며 번성하라. 국민과 많은 국민이 네게서 나고 왕들이 네 허리에서 나오리라.
> 내가 아브라함과 이삭에게 준 땅을 네게 주고 내가 네 후손에게도 그 땅을 주리라 하시고, 하나님이 그와 말씀하시던 곳에서 그를 떠나 올라가시는지라.

이후 하늘로 올라간 여호와는 더 이상 나타나지 않다가 기원전 13세기 말에 이르러 다시 그 모습을 드러낸다. 따져 보자면 이후 700년만의 일이었다. 그때 여호와가 모습을 나타낸 이유는 단 하나, 이집

트 땅에서 핍박받던 자신의 후손들을 해방시켜 다시 가나안 땅으로 이끌기 위함이었다. 그 대임을 맡을 자로 선택된 사람은 다름 아닌 모세로, 그가 여호와의 첫 대면에서 겪었던 트릭은 이미 설명하였던 바, 여기서 새삼 언급할 필요는 없을 듯하다.

  그리고 이에 힘입은 모세는 강한 자신감과 여호와의 강력한 지원으로 히브리인을 이끌어 출애굽에 성공하고, 그 후손들은 기원전 11세기 말에 이르러 가나안 땅에 이스라엘이라는 나라를 건국하는 바, 이 또한 야곱에게 했던 여호와의 약속이 이루어진 것이라 볼 수 있겠다. 그러나 3대 솔로몬 왕의 사후, 나라는 북쪽의 이스라엘과 남쪽의 유다로 갈라졌고, 이후 북이스라엘은 예로보암부터 호세아까지 19왕을 배출하였으나 기원전 722년 앗시리아에 의해 멸망되었고, 남유다는 레호보암부터 제데키아까지 역시 19왕을 배출하였으나 기원전 586년 신바빌로니아에 의해 마찬가지로 멸망되고 말았다. 물론 이때에도, 그리고 차후로도 그들에 대한 여호와의 간섭과 지원이 없었던 것은 아니었음에도 그들의 멸망을 막지 못한 것을 보면 급변하는 지구 정세에 대한 대응이 역부족이었다고밖에 말할 수 없을 듯하다.

  이후 그 유민들은 줄곧 유대인이라 불렸다. 이는 남유다가 북이스라엘보다 백여 년을 더 존속한 때문이었겠는데, 그들 유대인의 끈질긴 생명력은 다시 제 땅을 되찾는 데 성공한다. 그러나 결정적으로 로마 제국과의 독립전쟁에서 패하였고, 이로 인해 제 땅에서 축출당한 그들은 그 뒤로 무려 2,000년이라는 세월을 정처 없이 떠돌게 되었다. 그 유랑이 얼마나 길고 험난했는지는 역사가 증언해주고 있는 바, 그중에서 20세기 나치 독일에 의해 자행된 홀로코스트의 참극은 역사 이래의 최대 비극으로서 아로새겨져 있다. 아울러 그 유랑에의 형태와 장소가 얼마나 각양(各樣)이었는지는 그들의 동질감 없는 얼굴과 피부색이 증언한다. 그럼에도 그들은 같은 유대인이라는 이름을 가지고, 더불어 선민의 후손이라는 자부심으로서 살아왔다.

그렇게 2000년이 흐른 어느 날, 유대인들은 놀랍게도 그들의 나라가 있던 가나안 땅에 또다시 나라를 세웠다. 모두 아는 바와 같이 1948년 건국된 지금의 이스라엘 공화국이었으니, 어쩌면 여호와가 야곱에게 했던 약속의 진정한 실현이었는지도 모를 일이었다. 그러나 그로 인해 오랫동안 그 땅에서 살아온 팔레스타인인은 갈 곳이 없게 되었던 바, 이제껏 성서에서 보여 준 신의 이기심과 한계를 새삼 보여 준 사례라 여겨지기도 한다.

다만 이스라엘 공화국의 건국에 신의 입김이 작용했는지는 전혀 알 길이 없는 바, 필자로서는 이에 대해 왈가왈부하고 싶지 않고, 아울러 건국에 있어서 배경의 힘으로서 작용하였을 예수라는 이름의 유대인 청년이 이룬 종교적 업적에 대해서도 왈가왈부하고 싶지 않으나, 그 건국에는 유대인의 피 속에 남아 흐르는 조상 때의 우수한 유전자가 큰 힘으로써 작용하였으리라는 것만큼은 믿어 의심치 않는다.

그 힘이라는 것이 최근 유대인에 관한 어떤 책의 광고에 등장하였던 바, 실질적으로 주장하는 것은 필자와 판이하겠으되 그 광고의 문구만큼은 허락하에 옮겨 적는다. 유대인에 대한 모든 것을 함축함에 이보다 더 적합한 내용이 없을 듯했기 때문이다.

이 책[95]이 알려주는 유대인에 관한 거의 모든 것들.

1. 전 세계 인구 0.3%에 불과한 민족이 어떻게 노벨상 수상자의 32%를 차지하는가?
2. 자본주의 정점에 있는 나라가 어떻게 최상의 사회복지 시스템을 갖추고 있는가?
3. 글로벌 경기 침체에도 불구하고 왜 이스라엘은 승승장구하고 있는가?
4. 어떤 교육을 받기에 미 대학교수의 30%, 미국 부자의 23%를 차지하는가?
5. 그들이 계약과 배움과 동족과 돈지갑을 중시하는 이유는 무엇인가?
6. 중세에서 현대까지 왜 그들이 머무는 나라는 흥하고 그들이 떠나면 쇠락하는가?
7. 그들은 어떻게 주식회사와 증권회사, 금융산업을 발명했는가?
8. 2천 년 동안 흩어져 살던 민족이 어떻게 민족 정체성을 유지할 수 있었는가?
9. 그들이 국제정치, 금융, 언론, IT기업을 장악하는 배경은 무엇인가?
10. 세계 경제사와 유대인의 디아스포라는 어떤 관련이 있는가?

---

95) 홍익희 著.『유대인 이야기』행성:B 출판사

맺
음
말

저들은 과연 어디에서 왔으며

왜 다시 오지 않는가?

저들은 과연 어디에서 왔으며
왜 다시 오지 않는가?

　지금까지 필자는 '성서는 외계인의 오랜 지구 간섭에의 기록'이라는 주제로서 그 외계인의 흔적을 성서의 창세기를 중심으로 기술하였다. 이 책을 끝까지 읽은 독자 중에서 단 한 분이라도 필자의 의견에 공감하는 분이 계셨다면 이제 필자가 마지막으로 드릴 말은 다음의 한 줄로 축약될 수 있을 것이다.
　- 저들은 과연 어디에서 왔으며 왜 다시 오지 않는가?

　하지만 저들 외계인이 우주의 어느 천체에서 왔는가를 말하기는 매우 어려운 일이다. 실제로 저 우주에 우리와 같은 고등생명체가, 아니 미생물에 불과한 생명체라도 서식하는 행성이 있는지조차 밝혀진 바 없기 때문이다. 이에 필자는 그 대안으로써 '과연 우리뿐인가?'를 먼저 설명하려 한다. 그리하면 그 역(逆)으로의 설명이 가능할 것 같기에.

흔히 과학자들은 이 우주에 존재하는 별의 수가 10^{22}개 정도라 말한다. 태양과 같이 스스로 빛을 내는 항성의 숫자가 그렇다는 말인데 그 항성은 또 은하계에 속한다. 이를 쉽게 이해시키기 위해 과학자들은 "우주에는 우리 태양계가 속한 '우리은하(Our Galaxy)'와 같은 은하계가 적어도 1,000억 개가 있는데, 또 우주에는 이와 같은 집단이 다시 1,000억 개가 존재하고 있다"고 설명한다. 새삼 말할 것도 없이 우리 지구는 우리 태양계에 속한 행성인 바, 우주에는 지구와 같은 행성이 1,000억 × 1,000억을 한 숫자보다 훨씬 더 많다는 얘기가 된다. 이에 천문학자 칼 세이건은 "우주에 우리밖에 없다면 엄청난 공간의 낭비이다"라는 유명한 말을 남기기도 했는데, 이것이 우주의 다른 태양계에 사는 외계인의 존재에 대한 확신에의 갈음임은 더 말할 나위가 없을 것이다. 사실 칼 세이건뿐 아니라 필자가 직간접적으로 만나본 국내외 천문학자들의 거의 모두가 외계인의 존재에 대한 믿음을 갖고 있었다. 그리고 그들이 같은 믿음을 갖는 이유는 단지 이 우주 공간이 넓고 별이 많아서가 아니라, 그래서 그 중에는 사람 사는 천체도 있지 않겠나 하는 막연한 생각에서가 아니라, 그동안 꾸준히 행해져 왔던 관측 결과의 반영이라는 것이다.

그 결과란 최근 몇 년간 집중적인 성과를 낸 슈퍼지구[96]의 발견, 즉 우리 지구와 유사한 환경을 가진 행성에의 발견을 말하는 것인데, 그것들을 열거하면 다음과 같다.

2005년: 글리제 876d

2006년: OGLE-2005-BLG-390Lb

2007년: 글리제 581c, 글리제 581d

2008년: MOA-2007-BLG_192Lb

2009년: 글리제 581e, 글리제 832b

2010년: HD 85512b, 글리제 581g

2011년: 케플러-22b, 케플러-20e, 케플러-20f

2012년: 글리제 667Cc, 글리제 1214b, HD 40307g

2013년: KOI-172.02, 케플러-69c, 케플러-62e, 케플러-62f, 케플러-78b

2014년: 케플러-174d, 케플러-296f, 케플러-298d, 케플러-309c 글리제 832c

2015년: 케플러-452b, 울프-1061c

  이 중 2011년 12월 5일 NASA에서 발표한 케플러-22b는 함께 발표한 슈퍼행성 후보군 1천94개 중에서도 단연 발군의 행성으로 주목받았는데, 그동안 우주 관측에 지대한 역할을 한 케플러 우주망원경으로 탐색한 행성이었다. 이 행성의 크기는 지구의 2.4배로, 태양과 같은 항성을 공전할 뿐만 아니라 항성과의 거리도 지구와 태양 간의 거리와 근사하며, 물이 존재할 확률 또한 매우 높은 행성으로 보고되었는데, 밝기 등으로써 추정한 표면 온도는 섭씨 22도로 이 또한 생명이 살기 매우 적합한 온도였다.

  2013년 4월 18일에 발견된 케플러-62e와 케플러-62f의 두 행성에 관한 보고서는 더욱 주목할 만하다. 이어진 보고서에 따르면 NASA는 두 행성에서 물이 존재할 수 있는 이른바 HZ(habitable Zone, 생명체 서식 가능 구역)에 대해 확신으로 접근하였고, 크기와 공전주기 또한 지구와 매우 유사한 까닭에 지금까지 발견된 슈퍼지구 가운데서 가장 생명체가 서식하기 좋은 환경을 갖추고 있는 행성으로 보고하였던 것이다. 참고로 케플러-62e는 지구의 1.6배, 케플러-62f는 1.4배이며, 62e의 표면 온도는 하와이와 비슷한 섭씨 30도, 62f는 알래스카와 비슷한 영하 20도 정도로 추정하였다.

더 괄목할 만한 사실은 근자에 발견되는 슈퍼지구들의 숫자가 급증하고 있다는 것이니, 2014년 2월, NASA는 무려 715개나 되는 태양계 밖 행성의 발견을 보고하였다. 이 역시 케플러 망원경이 찾아낸 성과였는데, 이 가운데 케플러-296f를 비롯한 4개의 행성에서는 HZ의 존재 가능성을 매우 높게 점치고 있었다.

그리고 그 가능성은 올해인 2015년 7월, NASA가 지구로부터 1,400광년 밖에 있는 한 행성을 발견함으로써 현실이 되었다. 케플러-452b라 명명된 이 행성은 크기가 지구의 1.6배, 공전주기 385일로 항성 케플러-452를 공전하고 있는 것으로 밝혀졌는데, 이 행성이 특히 주목을 받은 이유는 행성 자체의 특성보다는 케플러-452라는 항성 때문이었다. 케플러-452가 우리 태양계의 태양과 거의 같은 온도의 항성이라는 이유에서였다. 위에서 보듯 HZ의 존재 가능성이 점쳐진 외계 행성은 지금껏 여러 번 발견되었으나 태양과 유사한 항성을 공전하고 있는 행성을 발견한 것은 이번이 처음이었다.

케플러-452b의 나이는 지구보다 15억 년이 많은 60억 년으로 추정되고 있으며 지구와 같은 암석형 행성이고 대기를 갖추고 있는 것으로 알려졌다. 까닭에 과학자들은 이번 발견에서 HZ의 존재를 넘어 생명체의 존재까지도 점치고 있었다. 케플러-452b의 전체적인 환경이 생명체의 서식 환경을 만족하게 하고 있을뿐더러 60억 년이면 생명체가 발생할 수 있는 기회가 상당히 많았을 것이라 보고 있는 것이다.

게다가 2015년 말미에는 역시 HZ의 존재 가능성이 점쳐지는 행성 울프-1061c가 호주 천문학자들에 의해 발견됐는데, 그 거리가 지구로부터 불과 14광년이었다. 우주 넓이로 보자면 그야말로 옆집이라 부를 만한 거리에 있는 셈이다.

이같은 케플러-452b와 울프-1061c 등을 포함하여 지금까지 후보로 오른 외계행성의 수는 4,601개. 거기에 케플러 망원경에 의해 수집된 자료의 분석이 완료되면 슈퍼 지구의 후보 행성군은 8천 개까지 늘어날 전망이다.

물론 8천 개라고 해도 저 우주에 존재하는 수많은 행성에 비해서는 여전히 백사장 가운데의 8천 개 모래알에 지나지 않을 것이며, 그곳에 우리와 같은 고등생명체가 살고 있다고 장담할 수도 없다. 하지만 필자는 그곳이든, 아니면 다른 곳이든 간에 이 우주 어느 행성에인가는 그 옛날 지구를 발견하고 신으로 군림했던 외계인이 살고 있으리라 확신하는 바이고, 그들이 반드시 우리 인간과 닮은 꼴의 형상을 하고 있으리라는 것 또한 확신하고 있다. 이것은 특별한 이유에서가 아니라 단지 수렴 진화(Convergent evolution)[96]를 믿음

---

96) 서로 다른 기원을 갖는 생물종이 유사한 환경에 처했을 경우 동일 진화의 과정을 거치게 되고 그 결과로서 형태가 유사해지는 현상을 말함. 대표적인 예로 박쥐와 새의 날개나 상어, 어룡, 돌고래 등에서 보이는 형태적 유사성을 들 수 있다.

에서이니, 우리가 지구와 유사한 환경의 행성을 찾는 이유와도 특별히 다름이 없다. 다만 안타까운 것은 현재 우리가 그곳으로 가는 것은 사실상 불가능하고, 그들이 우리에게 다시 오는 것 또한 불가능하다고 여기고 있는 믿음이다.

1865년 프랑스의 소설가 쥘 베르느는 '달나라 여행'이라는 소설을 발표하였다. 컬럼비아드라는 길이 270m에 이르는 거대한 대포로 유인(有人) 포탄선(船)을 발사해 달에 착륙시킨다는 내용이다. 그때만 해도 그저 공상에 불과했던 이 같은 달나라 여행은 이후 불과 100년 뒤 미국의 아폴로 계획에 의해 현실이 되었다. 1969년 7월 20일, 전 세계인이 숨죽여 텔레비전을 지켜보는 가운데 닐 암스트롱이라는 사나이가 달착륙선으로부터 내려와 달의 표면에 첫발을 디딘 것이었다. 그저 바라보고 상상만 하던 신화의 영역이 드디어 과학의 영역으로 들어오는 순간이었다. 그때 암스트롱 선장이 한 말은 이러하였다.

"이것은 한 인간에 있어서는 작은 발걸음이지만 인류에게 있어서는 하나의 거대한 도약이다."

그리고 그 옛날, 이 땅을 밟은 외계인으로부터도 일성(一聲)이 있었던 바, 기록이 전하는 태초의 말은 이러하였다.

"이 땅에 빛이 있으라."

암스트롱 선장의 말이 준비된 일성이었던 것에 반해 외계인의 그 것은 다분히 즉흥적이었음을 알 수 있다. 언급하기 조심스럽긴 하지만, 그들이 지구를 우연히 발견하지 않았나 짐작하게 해주는 대목이다.

이후 그 외계인 집단은 신의 이름으로서 아주 오랜 세월 동안 이 땅의 역사에 간섭하였지만, 어느 날 이 땅을 떠나 영영 돌아오지 않았다. 대리인의 형식으로 내세우던 선지자도 더 이상 내지 않았다. 그들이 이 땅과의 관계를 청산하고 떠난 이유, 그 역시 우리가 더 이상 달에 가지 않는 이유에서 찾으면 될 것이다. 참고로, 인간의 달 착륙 계획인 아폴로 프로젝트는 1961년 미국의 존 F. 케네디 대통령에 의해 기획되었고, 이후 8년의 세월이 지난 1969년 아폴로 11호가 마침내 달 착륙에 성공하였으며, 이후로 13호를 제외한 다섯 대의 우주선이 달에 도달하였으나 1972년의 아폴로 17호를 끝으로 폐기되었다. 처음에는 우주 식민지의 대상으로서 기대되었으나 막대한 투자비용에 대비해 얻을 것이 없다는 실질적인 이유에서였다.

일러두기

****

본 책에서 인용한 성서의 본문은 '성경전서 개역본(개역성경)'을 이용하였으며, 영문은 'the HOLY BIBLE New International Version(NIV)'을 위주로 하였다.